优+孩子培养模型

朱 波 / 著

南京出版传媒集团
南京出版社

图书在版编目（CIP）数据

优+孩子培养模型 / 朱波著. -- 南京 : 南京出版社, 2023.10

ISBN 978-7-5533-4379-2

Ⅰ. ①优… Ⅱ. ①朱… Ⅲ. ①家庭教育 Ⅳ. ①G78

中国国家版本馆CIP数据核字（2023）第181389号

书　　名　优+孩子培养模型
作　　者　朱　波
出版发行　南京出版传媒集团
　　　　　南　京　出　版　社
社址：南京市太平门街53号　　邮编：210016
网址：http：//www.njcbs.cn　　电子信箱：njcbs1988@163.com
联系电话：025-83283893、83283864（营销）　025-83112257（编务）

出 版 人　项晓宁
出 品 人　卢海鸣
责任编辑　王绪绪
装帧设计　马静静
责任印制　杨福彬

印　　刷　北京亚吉飞数码科技有限公司
开　　本　710毫米×1000毫米　1/16
印　　张　9.25
字　　数　147千字
版　　次　2023年10月第1版
印　　次　2025年9月第2次印刷
书　　号　ISBN 978-7-5533-4379-2
定　　价　60.00元

用微信或京东APP扫码购书

用淘宝APP扫码购书

朱波校长

2个孩子的妈妈
上海交通大学硕士
有12年家庭教育经验
走过102个城市
讲过1000多堂线下父母课
线下学员超过10万

心理健康医学专委会副秘书长
国家心理健康讲师
国家心理催眠师
国家积极心理学指导师
美国认证家庭教育讲师学校讲师
早教儿童教育讲师
高级家庭教育指导师
心理咨询师
职场赋能引导师
上海交通大学工商管理硕士入学考试面试官
中国科学院施建农教授"超常教育"黄埔一期成员

擅长情绪疏导
用心理学重塑孩子的学习力

因自身原生家庭的创伤，
从小胆小自卑的她走上心理学之路，
师从全球各位顶级心理学和教育学大咖导师，
自创了一套结合学院派和实战派的家庭教育方法，
解决孩子拖拉磨蹭、沉迷手机、不爱学习、胆小自卑、叛逆顶嘴等育儿难题，
受到家长、学校、教培机构等的广泛认可，
帮助成千上万的家庭和孩子走出心灵困境。

在学习心理学之前，
她只是为了成为更好的自己，
深耕心理学之后，她想要更好的世界。
当"心灯"被点亮的那一刻，
她决定此生做一个"点灯人"，
去点亮每一家庭、每一个孩子心中的那一盏"心灯"！
当一盏盏"心灯"被点亮的时候，整个世界就明亮了！

写在开头

很多家长跟我倾诉：家庭教育的原理、方法、工具，为什么我不能一次性搞明白？能不能有一本全方位介绍家庭教育的书，让我们在进行家庭教育时不再到处寻找那些碎片化的知识？

基于此，作者决定写一本书，把所有能够想到的、跟家庭教育有关的原理、工具和方法全都集合在一起，书名姑且叫作《优+孩子培养模型》。“优+孩子”，是比优秀的孩子更高一个级别，是内心有力量的优秀孩子。

本书记录了作者12年亲子教育的实操经验，以及多个被无数家长验证有效的工具。

这本书是写给父母的，是帮助父母摒弃传统教养方式，通过不吼不叫、不打不骂的方法，轻松地培养出内心有力量的优秀孩子。

在过去的12年里，作者深耕家庭教育，采访了很多问题孩子和精英人士，作者发现：孩子的问题在家长，家长的问题在童年。

要从根本上解决孩子的问题，还得从家长入手。家长的认识改变了，行为才会改变，孩子才会改变。

为什么问题都在家长身上？因为家长的问题是原生家庭带来的。

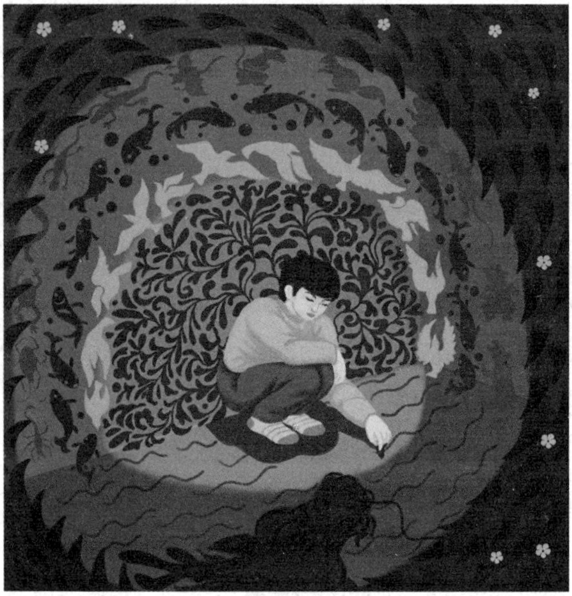

疗愈内心受伤的小孩

每个人的内心都有一个受伤的小孩，你看不见他，他却一辈子影响着你。

疗愈内心受伤的小孩

如果不解决内心深处原生家庭的问题，不疗愈自己内心的小孩，那么现在家庭的孩子教养问题，也很难彻底解决。

在这么多年的实践经验中，作者发现很多道理家长都懂，家长也看了很多书、学了很多课程，但他们还是感叹：为什么学了那么多，还是过不好这一生，还是没有教好自己的孩子！

因为他们的内心还有伤，原生家庭的创伤没有疗愈，所以控制不了情绪。控制不了情绪时，所有的育儿技巧都是空谈。

本书作者从背后的原理及原生家庭方面提炼教育方法，改变家长的教育认知。认知改了，行为也自然改了，结果自然就变好了。

更有趣的是，很多家长反馈，运用这套方法不仅教好了孩子，还找回了自己，在养育孩子的过程中把自己内心的小孩子再养育了一次。

波波来访教育投资人、榜样教育创始人晏少银作为本书图书顾问。

作　者

2023年5月

目录

第一章

教养思维导航模型——装上导航，目标正确，路不怕远

虽然市面上有那么多父母课程、家庭教育理论方法，但还是有很多家长觉得学了没什么用，孩子还是没教好，自己也很痛苦、很焦虑。

本章首先想跟大家探讨一下在育儿过程中大家心中的困惑：明明想把孩子培养成“别人家的孩子”，为何总是事与愿违？

一、为什么明明想把孩子培养成“别人家的孩子”，却总是事与愿违？

在很多个案中，家长一直在我面前问：“波波校长，我教养孩子的目标是很清楚的呀，我就是要把我的孩子培养成‘别人家的孩子’，可是为什么我越使劲，我花在他身上的时间越多，花在他身上的精力、财力越多，孩子反而出现各种问题呢？我付出了努力，为什么结果却总是事与愿违呢？”

这确实是一个值得思考的问题，你想听真的答案还是假的答案？你肯定想听真的答案，对吧？

答案很简单，那就是你的教养方法不对。

很多教育学家说过一句话：如果你在教养孩子的过程中感觉到痛苦，那你一定是用错了方法。之前我不能理解，我觉得我那么爱孩子，我为他掏心掏肺，所有的时间和精力都放在他身上，结果却跟我想的完全不一样。后来我理解了，我真的是方法用错了。

我们来分析一下，方法怎么就用错了呢？这是有更深层的原因的。

（一）你的上意识和下意识不一致

人的大脑分为上意识和下意识，下意识又被称为潜意识。

用冰山图来解释，上意识就是你能看到的冰山上的那一部分，即行为。而潜意识就是冰山下的那一部分，是行为背后的信念，每个行为都是有目的的。

你的上意识是要把孩子培养得很优秀，但是你的潜意识里根本就不相信你的孩子会很优秀。你整天都在担心：孩子拖拉磨蹭，长大后怎么办？孩子不爱学习，长大了找不到好工作怎么办？孩子数学不好，考不上好的学校怎么办？你有无数个担心，这些担心其实都是对孩子的一种诅咒，一种负面的引导，一种负面的期待。你的上意识不知道，但你的潜意识就是这样认为的。

我们来看一下，为什么我们总是担心孩子？因为我们人类就是习惯负面思维的。那为什么我们人类会习惯负面思维呢？

从进化的角度来看，人类的负面思维其实是非常合理的。想象一下，我们人类的祖先在捕猎的时候，面对机会和威胁的反应强烈程度是一样的吗？

肯定不是。我们的祖先看到面前有一群兔子，看到有机会找到食物，当然开心，但他们不会太过开心，因为就算没吃到也没关系，以后还有机会捕到食物，这次吃不到，下次总能吃到。可是面对威胁，不做出强烈的反应可不行。如果遇到威胁反应不及时，可能就一命呜呼了。人类因此形成了遇到坏事的反应比遇到好事的反应更强烈的基因系统，只有这样我们才能够生存下去。这就是人类潜意识里习惯负面思维的一大原因。

（二）小时候，我们就是在负面教养环境中生活的

小时候，我们的父母经常用负面的思维教育我们，告诉我们这个不行，那个不可以，这样做是不对的……这种教养方式也会在我们的潜意识里形成负面思维，长大后的我们会把这种负面的思维方式本能地复制到我们的孩子身上，就像我们的父母教导我们一样。

（三）高期待给孩子种下了很多负面的信念种子

我们这一代被称为“考二代”，是通过考试考到了一个好的大学，然后有了一份好的工作，从经济的底层变成了中产阶级。我们潜意识里认同这种跃迁的方式，因此对教育空前重视，把大量的精力放在孩子的教育上，成为“直升机式”的密集型教育父母。

“直升机式父母”，就是孩子感觉父母像直升机一样，24小时在头上盘旋，监督着自己。这一类父母有强烈的控制欲，希望孩子照着自己设定的目标前进，按照自己希望的方式成长。还有一部分家长，自己的人生很灰暗，觉得自己这辈子就这样了，于是把所有希望都寄托在孩子身上，希望孩子成为他灰暗人生中的唯一亮点。

这种教育方法很容易让孩子感觉压抑、不自由，甚至出现叛逆、对着干等各种各样让家长崩溃的情形。从某种程度上说，这种要求不符合孩子成长的特点，过高的期待值给孩子带来了负面评价，也给孩子潜意识里种下了很多负面的信念种子。

怎么解决这个问题呢？人的改变一定是先从思维改起，只有思维改变

了，行为才会改变，结果才会改变。

人和人之间的差别是认知上的差别。要解决家庭教养的核心难题，必须从认知上入手，彻底改变思维。

教育不应该是一份苦差事。说起教育孩子，如果我们感到的都是疲惫、焦虑、愤怒、痛苦，那我们的方法一定错了，要换一种思维。

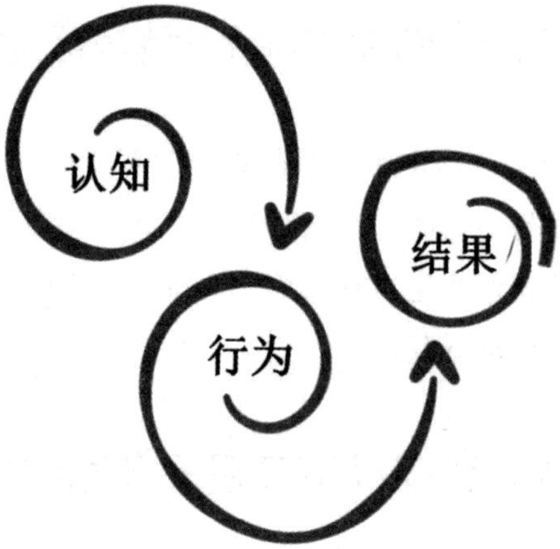

不改变认知，直接改行为，不可能有好的结果。

二、升维解决问题

有人说：在问题本身这个层面解决不了问题，要站在更高的维度来寻找解决方案。这就是我们经常说的“升维”。比如一个大人对付一个幼儿园的小孩，自然很容易。再比如投影和投影源。你把一只手投影在墙上，但你不喜欢手的形状，想改成拳头。如果你只是在问题本身这个层面来解决问题，那么解决方法就是把墙凿了，把手影抹去。但问题没从根本上解决。如果你升维，找到投影源，把手改为拳头，那么投影自然改了，你的问题就解决了。这就是升维解决问题的核心。

那么你肯定会问：怎么升维呢？

我们都活在三维空间里，如果能升至四维空间，问题一定能解决。四维空间里增加了看不见的潜意识这个维度，我们的整套体系都是建立在这个维度上的，如果能从潜意识改变你的思维，行为自然随之改变，教养孩子也变得轻松而美好。低维是看不到高维的，所以能升维的人是极少数。教养孩子和做事业是一样的。懂商业背后底层逻辑的人，不管时代怎么变迁，经济形态怎么变化，都会赚钱。同样，懂教养背后底层逻辑的人，不管时代怎么变迁，教育环境怎么变化，孩子都会教养得很好。

三、简单系统和复杂系统

我们先来分清楚简单系统和复杂系统。

简单系统就是可以程序化、拆解还原的系统。

比如组装一张桌子，你的第一反应是桌子分成桌面、桌腿几个部分，把每一个部分都做好，拼在一起，用钉子连起来，这张桌子就做成了。

哪怕是造一辆汽车都是可以程序化的，都是可以拆解和还原的，这些都叫简单系统。

复杂系统也叫混沌系统，混沌系统的特点就是输入端如果有微小的调整，输出端就会有巨大的改变。

比如我们熟知的蝴蝶效应。天气预报的专家在用计算机模拟第二天的天气的时候，为了省事，他取了小数点后三位数字，之前的算法是取小数点后六位数字，就这么一点差别。然后他出去吃午饭了，吃完午饭回来发现天气预报的结果从晴天变成了一场大风暴。

我们今天的家长们在解决孩子的问题的时候，会不自觉地把一个孩子拆成语文、数学、英语等几项。一个孩子先被拆成了这么七八项标准，然后语文里边又拆成了多少个单元，每一个单元拆成多少课，每一课拆成多少个词，其他科目又有其他科目的拆分。最后的结果很有可能是这个孩子在父母的强压之下，在培训班的帮助之下，在老师们的逼迫之下，语文也很好，数学也很好，英语也很好，体育也很好，但是他变得不爱学习了，他厌倦这件事，他对生活没有了热情。

成长是件复杂的事，孩子是有生命力的。他们每时每刻都在从瞬息万变的世界中汲取能量，每分钟都在生长，他们未来要面对的世界的丰富性，远不是我们可以想象得到的。我们精心设计的复杂，不足以应对他们生命成长的复杂。所以，对于孩子，你的计划越周全，越赶不上他们的变化。

四、教养孩子的三个支柱

教育不应该是一份苦差事。说起教育孩子，如果我们感到的都是疲惫、焦虑、愤怒、痛苦，那我们的方法一定错了，要换一种思路。

这些年，我读了许多书，遇到过各种各样的人，做了很多有趣的事情。我发现，支撑一切复杂事物的关键点都不超过三个，教育孩子也是一样。

以前也许有些家长认为教育的三个关键是语数外或者德智体，但现在我希望所有的家长都能明白：安全感、价值感以及终身成长性思维，才是家庭教育最重要的三个支柱。

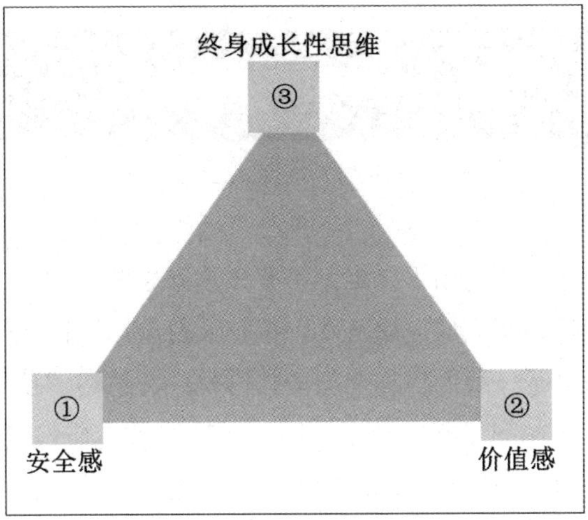

首先是安全感。

安全感就是给孩子无条件的爱，这可以让我们真正构建起与孩子的亲密关系。孩子是先求生存再求发展的，安全感是一切能力的基石。

学会尊重孩子的感受，和他们进行温和而有效的沟通、交流，找到管与不管之间的边界，不做孩子眼中的暴君，也不让孩子在溺爱中感到迷失。

其次是价值感。

价值感是孩子建立自尊、获得自信、学会自觉自律的关键。给孩子价值感，让他觉得自己是有能力、有贡献、有存在价值的，之后你会发现无论他的行为多么叛逆，做事多么喜欢拖延，都有办法可以解决。

最后是终身成长性思维。

终身成长性思维对应的是孩子战胜挫折、持续学习进步的能力。掌握这一点，我们不仅可以打破旧式观念中的静态思维，以成长的心态理解孩子、帮助他们，自己也能变成一个更加乐观积极、有极强生命力的人。

教育很重要，但它不应该是沉重的。不必用起跑线、独木桥、赛道这样的词来折磨孩子、折磨自己，我们应该放下那些不必要的焦虑、自责、痛苦和愤怒。

了解家庭教育的三个支柱，找到孩子与这个世界、与我们连接的关键，让每一位父母都能和自己的孩子一起幸福健康地成长，快乐地享受生活，这是我从事家庭教育事业最大的愿望。

五、园丁思维还是木匠思维?

教养孩子，我们要用园丁思维，不要用木匠思维。

木匠思维是把孩子当成一块红木，把孩子打造成我们认知范围内最好的一把椅子、一张桌子，我们拼尽全力去打磨他，却忽略了孩子是一个生命。

我们要用园丁的思维教养孩子。园丁种花，其本质是爱，无条件的爱。这种爱的目的是给予他们成长所需要的一个安全、温暖、自由的环境，使孩子长成他原本的样子，按照自己的优势特长成为独一无二的自己。在这种充满爱的抱持性环境下，孩子们能以各种你预料不到的方式自行应对环境的变化。

孩子有可能长成一棵树，也有可能长成一朵花，更有可能长成一片森林，甚至长出一个生态系统，远超出父母的认知和想象。用园丁思维培养孩子，他更能适应未来世界的变化和发展。

我们常说孩子是比我们晚出生几十年的人，其实我们更应该换一种思维：他们是比我们多活几十年的人，未来的世界超出我们的预知，只有在充满爱的环境中，让孩子找到属于自己的那条路，他才会塑造自己的命运，成为独一无二的自己，才能适应未知的世界。

一般的育儿课程都是越学越窄，学到最后，好像这个世界上唯一重要的事情就是如何让孩子吃好、睡好、学习好，但我们的课程却是让人越学越开阔。你会发现，从人类进化这个大视角来看，父母与孩子的关系是人类最特殊、最重要的关系，很多作为人类最独特的能力，比如学习、发明、创新等，都扎根在父母和孩子的关系之中。

我们用开阔的眼光来看，只需要给孩子提供安全、温暖、自由的环境，让孩子在潜意识里种下好的、正面的、积极阳光的信念种子，孩子将来就会成长为他原本的样子，并比我们想象中更加优秀，更能适应未来的社会。

看到这儿，相信家长们能够理解教育孩子的顶层思维了。我们一定要放大我们的格局，给孩子提供良好的环境，给孩子无条件的爱，让孩子能够按照自己原本的样子成长。同时，我们要转变我们的负面思维，多关注孩子的优点，关注孩子每天的小进步，及时给孩子正面反馈和鼓励，多认同、欣赏、赞美孩子。孩子在感觉好的时候，表现才会更好。

不管你的孩子处在哪个年龄阶段，你从此刻开始改变都不晚，改变从觉察开始。心理学家荣格说，当潜意识没有进入意识层面的时候，它就是你的命，当潜意识浮出意识层面的时候，你的命运就开始改变了。

你今天觉察到潜意识里有很多信念种子，看到了很多问题的原因，那么恭喜你，你的改变已经开始了，你和孩子之间关系的改变也已经开始了。

六、如何将潜意识装上教育导航

我们先来解读潜意识。在这么多年的亲子教育的过程中，我发现很多家长并不了解潜意识。了解了潜意识是什么，你才会认同潜意识的力量有多么惊人，一克的潜意识，大于一吨的上意识。

（一）潜意识是什么

潜意识是什么？我们每个人就像一座漂浮在水面上的巨大冰山，能够被外界看到的行为表现或应对方式，只是露在水面上很小的一部分，而在水面之下更大的山体，则是长期压抑并被我们忽略的潜意识。揭开冰山的秘密，我们会看到生命中的渴望、期待和感受，看到真正的自我。

（二）潜意识对我们行为的影响

潜意识比较抽象，但是对我们的日常行为有非常大的影响。我们发现很多人不是活在当下，而是活在过去。

我们被潜意识里根深蒂固的观念束缚住了，我们被家人影响，被老师影响，被身边的人影响，这使我们无法觉察自我。相信自己能，或相信自己不能，都会对我们产生影响。

有的家长经常对孩子说：你怎么那么磨蹭，你怎么那么懒，天天就知道看手机，长大了就是社会的寄生虫，一无是处。这类信念种子一旦进入了孩子的潜意识，孩子真的会朝着你担心的方向发展。

有的家长经常对孩子说：你很能干，同时又勤奋努力，做什么总是比自己预期的还要好。这类信念种子一旦进入了孩子的潜意识，这个孩子会特别自信，内心会很有力量。

为什么我们的担心或期待会影响孩子的行为？下面跟大家分享一下“期待效应”，这是一个心理学的概念。“期待效应”通常是指在人际交往中，一方充沛的感情和较高的期望可以引起另一方微妙而深刻的变化。

人们通常这样说明“期待效应”：“说你行，你就行；说你不行，你就不行。”要想使一个人发展得更好，就应该给他传递积极的期望。期望对于人有巨大的影响。期望就如同一把双刃剑，积极的期望促使人们向好的方向发展，消极的期望则使人向坏的方向发展。

实践案例

著名心理学家罗森塔尔曾经做过一个教育效应的实验。他把一群小老鼠一分为二，把其中的一小群（A群）交给一个实验员，说：“这一群老鼠是属于特别聪明的一类，请你来训练。”他把另一群（B群）老鼠交给另外一名实验员，告诉他这是智力普通的老鼠。两个实验员分别对这两群老鼠进行训练。一段时间后，罗森塔尔教授对这两群老鼠进行测试，测试的方法是老鼠穿越迷宫，结果发现A群的老鼠比B群的老鼠聪明得多，都先跑出了迷宫。其实，罗森塔尔教授对这两群老鼠的分组是随机的，他自己也不知道哪只老鼠更聪明。当实验员认为这群老鼠特别聪明时，他就用对待聪明老鼠的方法进行训练，结果，这些老鼠真的成了聪明的老鼠；反之，另一个实验员用对待笨老鼠的办法训练，也就把老鼠训练成了不聪明的老鼠。

罗森塔尔教授立刻把这个实验扩展到人身上。1968年，他和雅各布森教授带着一个实验小组走进一所普通小学，他对校长和教师说要对学生进行“发展潜力”测验。他们在六个年级的十八个班里随机抽取了部分学生，然后把名单提供给任课老师，并郑重地告诉他们，名单中的这些学生是学校中最有发展潜能的学生，并再三嘱托教师在不告诉学生本人的情况下注意长期观察。八个月后，当他们回到该小学时，惊喜地发现，名单上的学生不但在学习成绩和智力表现上有明显进步，在兴趣、品行、师生关系等方面也都有了很大的变化。这一现象被称为“期待效应”。

从“期待效应”我们可以引申出家长的行为对孩子的影响，我们要用正面积极的期待来对待孩子，不要用负面消极的期待来对待孩子。为什么说担心是诅咒？因为你的担心就是一种负面消极的期待。父母希望孩子成为什么样的人，就要发自内心地相信孩子一定会成为那样的人，这样孩子才能真正感受到，并且朝父母期待的方向去发展。

（三）具体的方法

我们可以用三个方法帮助家长实现对孩子的期待。

第一，发挥潜意识导航的作用。

在这里先问一下大家，如果我说苹果，大家首先想到了什么？大部分朋友会想到红苹果、青苹果、黄苹果等，但是很少有朋友会想到苹果两个字。这跟我们大脑的记忆功能有关系，我们的大脑对图像的记忆特别深刻。在规划孩子的未来的时候，我们就可以借助潜意识和图像记忆的功能，来设计孩子美好的未来，我们设定的目标越具体、越形象，后期目标就越容易实现。

很多人以为想象是天方夜谭，实际上很多成功者都是靠这个方法达成目标的。芝加哥公牛队曾经获得过六次NBA（美国职业篮球联赛）总冠军，该队的教练在每次训练前都要求球员先想象比赛会成功、球队会得冠军，然后球员才开始练球。最终公牛队获得六次总冠军。该教练后来成为湖人队的教练，换到湖人队第一年就让湖人队得到了总冠军，换一个教练就得冠军，球员还是之前的球员，区别在哪里？

是教练用对了潜意识，运用潜意识成功的方法，比其他任何成功的方法都要快。

要快速进入潜意识，可以先运用想象力，想象一个场景。

闭上眼睛，想象自己乘坐一张飞毯穿过时空隧道，来到孩子二十五岁的时候。二十五岁时，孩子已经参加工作，不常回家了。突然有一天，他给你们打电话："爸，妈，我今晚回来吃饭。"你开心得不得了，准备了一桌他喜欢吃的菜，把他的房间收拾得干净整齐，等着他回来。这时，门铃响了。你飞一样地跑去开门，门口出现了一个美好的年轻人，在这个年轻人身上，你希望看到他具备什么样的品格和技能呢？

你可能会说：

➢阳光、自信、独立

➢有责任感、同理心

➢身体健康

➢有探索精神、批判精神

➢抗挫折能力强，有勇气

➢有解决问题的能力

➢有一份自己喜欢的事业

➢有一个幸福的家庭

➢有毅力、自律

➢情商高、人缘好

➢有爱心，有包容心

➢有钱，有孝心

……

把这些品格或技能定格在这个美好的二十五岁的孩子身上，刻在你的潜意识里，一旦你内心、你的潜意识相信这是真的，它就会成为灯塔，成为你的导航目标，你会朝着这个目标不断前行。

不管你的孩子现在处于多么难管的境地，都没关系。

就好比目的地是北京，好的孩子可能离目的地近一点，在河北。你家孩子问题多一点，在黑龙江，在海南……在哪里都没关系，只要你的目的地是正确的，导航是正确的，剩下的就是怎么朝着这个方向前进了。

学习过这套理论的家长，可能去目的地坐的是高铁、飞机，很快就能到达（教出优+的孩子）。如果你没系统学过这套理论，你只要装上这个导航，也不会出偏差，只不过你选择的是自行车或者走路，会慢一点而已，但你终将到达这个目标。

教养孩子只需要做到一点：把自己的孩子当成一个优秀的孩子，并用对待优秀孩子的方式对待他。

第二，可以给孩子设置可视化的愿景。

我的助教张老师的孩子现在三年级，他喜欢机械科技类的东西，张老师跟他说："如果你将来想成为一个建筑工，那么你现在不用写作业，也不用读什么书，吃吃玩玩，长大之后完全可以胜任一个建筑工的工作；如果你将来想成为一个工地上的管理者，你至少要高中毕业；如果你将来想成为一个建筑设计师，你就要考一个不错的大学；如果你将来想成为火箭发射前倒计时的总工程师，想为社会做更多事，那么你至少要名牌大学的硕士、博士毕业。"所有对应的人物，张老师都给他看过图片和工作场景。这样，对孩子来说，他知道他一定要读好书，他要成为那个总工程师，那是他想要的未来。

当然，要经常让孩子感受到愿景。可以在每天晚上睡觉前或者早上刚刚睡醒的时候，和孩子一起想象他25岁生日的时候是什么样子，他多高、什么发型、在哪里、穿着什么衣服、做着什么样的工作、和什么样的朋友在一起等，逐渐在孩子心中形成一个形象，让他看见自己的未来。

第三，采用正向积极的暗示，明确孩子的未来。

戴尔·卡耐基很小的时候母亲就去世了。在他九岁的时候，父亲又娶了一个女人。继母刚进家门的那天，父亲指着卡耐基向她介绍："以后你可千万要提防他，他可是全镇公认的最坏的孩子，说不定哪天你就会被这个倒霉蛋害得头疼不已。"

卡耐基本来就不打算接受这个继母，在他心中，"继母"这个词会给他带来霉运。但继母的举动却出乎卡耐基的意料，她微笑着走到卡耐基面前，摸着卡耐基的头，然后笑着责怪丈夫："你怎么能这么说呢？他怎么会是全镇最坏的男孩呢？他应该是全镇最聪明、最快乐的孩子才对。"

继母的话深深地打动了卡耐基，从来没有人对他说过这种话，即使母亲在世时也没有。就凭着继母这一句话，他和继母开始建立友谊。这一句话成为激励他的动力，使他日后创造了成功的28项黄金法则，帮助千千万万的普通人走上成功和致富的光明大道。

孩子的未来有无限可能，父母要真正明确，自己期待的孩子的未来是什么样。

在科技迅速发展的当下，我们或许很难想象孩子未来的职业，但是培养孩子适应未来社会的能力永远是很重要的，培养孩子的探索创新能力、沟通能力、领导能力、终身学习能力，让孩子无论遇到怎样的社会变迁，都可以很好地适应社会。

父母正确的引导对孩子的发展至关重要，不论你的孩子现在怎么样，你都要多加鼓励，最大限度地给他能支撑起人生信念风帆的信任和赞美，这样，你的孩子就一定会步入成功的殿堂。父母把孩子当作优秀的孩子来对待，孩子就会朝着这个方向去努力。

当然，父母为孩子构造了一个美好的未来蓝图之后，在实现的过程中，可能会遇到一些障碍、偏离目标的事情，只要我们知道终点在哪里，及时调整，跟着我们设定好的目标勇敢地向前走就可以了。

在这个过程中，同样用到了三个支柱：

➢安全感，给孩子无条件的爱，让孩子感受到安全、尊重；

➢价值感，让孩子觉得自己有用、有能力，自我认知水平高；

➢终身成长性思维，每个孩子都会终身成长，最终长成参天大树。

第二章

原动力培养模型——培养孩子的安全感和内在力量

孩子的安全感对孩子的一生非常重要。每个人都是先求生存，再求发展的，一个孩子如果没有安全感，能力的发展会受到很大的影响。

有的孩子成年后，有钱、有权、有地位，但不幸福，原因绝大部分跟小时候缺乏安全感有关。

安全感建立好了，内在力量强大了，相当于打好地基，人生的大厦才能拔地而起。

一、背后的原理

（一）安全感到底是什么

安全感是一种从恐惧和焦虑中脱离出来的信心、安全和自由的感觉，是满足一个人现在和将来各种需要的感觉，是对可能出现的身体或心理的危险或风险的预感，以及个体在应对处置时的有力感，主要表现为确定感和可控制感。

不安全感是指个体面对风险、压力以及各种威胁性的内外部环境时，通过情绪体验、生理反应及行为意向等表现出来的一种情感体验。

安全感是心理需要中的第一要素，是人格中最基础、最重要的部分。

安全感的建立是在0—3岁，特别是0—1.5岁的时候，这时的安全感是从父母特别是母亲那里获得的。

（二）四种依恋关系，判断孩子是否有安全感

1.安全型依恋

当孩子需要关心和照顾的时候，父母总是能够及时回应孩子，这个时候孩子会因受到父母的关心和爱护而变得更加自信，这是一种安全的依恋关系，亲子之间关系融洽对孩子的影响也更积极。

这类孩子在日常生活中也会更加开朗，乐于与别人交流互动，他们在面对新环境和新挑战时会乐于去探索，也愿意寻求家长的帮助，这种状态的孩子内心有充足的安全感。

2.焦虑矛盾型依恋

这种依恋关系是指当孩子向父母提出需求时，父母的回应总是不确定，

因此孩子就会用自己的方式去寻找。

这种孩子在生活中会过度依赖家人甚至会容易紧张，在面对一个新环境时总是会大哭大闹。在这种类型的关系中，孩子的安全感并不稳定。

孩子们在这种依恋关系中，由于不确定父母是否能够给予自己安抚，会变得异常紧张，平时也是用负面情绪去面对问题。

3.回避型依恋

当孩子们想要和父母互动甚至需要父母的照顾时，父母总是不给予任何回应，甚至用冷漠的态度对孩子，最后孩子在生活中会陷入一种低落的情绪，甚至会抑郁。

孩子们会开始对自己无限怀疑，在面对困难的时候不仅不自信，还不愿意相信别人，也不愿意寻求帮助。

这种孩子的安全感非常微弱，并且还会产生一种自卑心理。

这类孩子在生活中由于缺乏安全感，常常会封闭自己的感受，不轻易和别人产生亲密关系，还会出现一种想法："我不需要他，他什么也不能给我。"

4.紊乱型依恋

在这种类型的关系中，孩子在和家长相处的过程中，家长不仅没有满足孩子的日常需求，还没有提供爱护，甚至用暴力的方式对待孩子。很多家长会使用语言暴力，甚至肢体暴力，或者不回应孩子的冷暴力。

这导致孩子们在遇到问题时，表现出紊乱的行为，他们的行为总是非常"疯狂"。这类孩子在生活中无法独处，面对新的环境他们的行为常常是不可预计的，其实就是因为他们极度缺乏安全感。

（三）九大特征，测试孩子是否有安全感

各位家长朋友们想不想知道你的孩子缺不缺安全感呢？从心理学的角度来看，缺少安全感的孩子常常有以下九大特征，大家一定要测试一下，因为安全感会对孩子一生的性格造成影响。

第一，**爱哭闹，难哄，不好带**。当孩子内心紧张不安的时候，他们常常会用哭闹而不是语言的形式去表达。

第二，**脾气大，容易生气或者暴力**。从情绪的角度来说，愤怒和恐惧是一对孪生兄弟，愤怒的背后常常都是恐惧，即使是成年人也是一样。

第三，**孩子喜欢旧的东西，抗拒新鲜事物**。

第四，**过分黏人，尤其是黏妈妈**。妈妈是孩子安全感最早的来源。我记得我小时候，因为缺乏安全感，我妈妈去洗手间，我都要在门口等她出来。

第五，**孩子喜欢咬指甲、吃手**。这些可能都跟紧张不安的情绪有关，有些成年人喜欢拔头发、拔眉毛也是如此。

第六，**孩子即使被欺负了也不敢还手**，不敢告诉老师，更不敢反抗，从小就害怕冲突。

第七，**孩子会身体僵硬，四肢不协调**，喜欢蜷缩。

第八，**孩子不敢自我表达，见到人就喜欢藏起来**，尤其是藏到妈妈的后面。

第九，**孩子对陌生的环境会感到害怕**。

如果孩子童年缺乏安全感，那么这些问题绝对不会因为他长大了、成年了就消失了。正相反，成年之后他会继续自卑、缺爱、充满莫名的歇斯底里的情绪、缺少突破的勇气。建设好孩子的安全感是父母要为孩子做的第一件事，也是最重要的一件事。

（四）私人逻辑感

个体心理学家阿德勒提出：人的观念、行为、价值观的形成基于事件、感知诠释、信念和决定四个方面的相互影响和相互作用。这四个方面被称为私人逻辑。私人逻辑是有线路的，拆分开就可以看到下图中的四个步骤。首先，我们对事件有了一定的感受；其次，我们会对这种感受产生自己的诠释；然后，基于这个解释又产生了适合于自己的一个信念，或者是自己认为合理的信念；最后，对这个信念有了一个决定，从而有了行为。

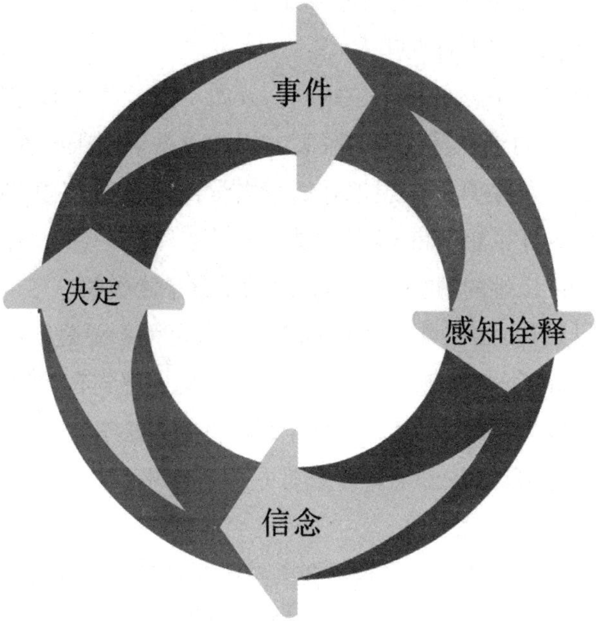

有个妈妈跟我讲，有天晚上，5岁的女儿坚持要把12支铅笔带去学校，她从文具盒里拿出6支，跟孩子说："老师在群里说了，只能带6支去。"孩子说："我不要，我就要带这么多去！"妈妈坚持拿出来，并把文具盒直接装进了书包。孩子没有再强争，但她不高兴，带着情绪。爸爸继续跟孩子说，既然老师有规定，就不能带那么多。而妈妈，直接去做别的事情了，留下孩子在那里。当时妈妈也没有多想，这件事情就过去了。

这样的情形在育儿过程中算不上什么大的冲突、挑战吧？可是，在上我的课的时候，这位妈妈做私人逻辑的练习时，就想到了这件要多拿6支铅笔的事情。

套用私人逻辑来分析孩子对这件事的感受、诠释会是什么呢？她会有什么样的信念？

孩子的信念可能是：我是没有权利的，不被接纳，不被信任，没有自由。爸妈是控制、不尊重我的，他们是烦人的。世界是不公平的，不尊重人的。所以，我要抵抗，就算现在我妥协了，只要有机会脱离父母的控制，我就会偷偷摸摸地做或者公然抗争，寻求权利，争取自由和公平。（难怪很多家长很怵青春期，因为发现孩子不受控制了呀！）

这个负向的私人逻辑有点吓人。

现在我们反思一下，如果这位妈妈一开始不强行拿出那6支铅笔，而是蹲下来，拉着孩子的手，看着她的眼睛，用和善的语气跟她说："宝贝，你看起来有点难过，你是真的很想把它们带去学校，对吗？（接纳感受）你能和妈妈说说，你为什么想多带6支铅笔去学校吗？"

也许孩子会说出她的想法，比如想跟同学分享之类的。

或者妈妈继续说："宝贝，这些铅笔真的很可爱，要是我们能多带几支和同学们分享就好了。（共情幻想实现）现在，妈妈感到有点为难。（表达感受）因为班级规定只能带6支呢，你有什么解决的办法吗？"

然后，妈妈还可以说："宝贝一直都是很遵守班级约定的，妈妈相信你这一次也可以做到！"（鼓励）

再来看看这时孩子的私人逻辑：我的感受是被理解、被接纳的，我是有能力、被相信的。父母是考虑我的感受的，他们是爱我、相信我的。世界是美好的、理解的、尊重的、有规则的。所以，我决定遵守班级约定。从事件中学习，接纳他人感受。

对比一下，可以发现私人逻辑被"正向"了。这节课的学习，让这位妈妈深刻感受到私人逻辑的力量，也再次感受到正向教养可能会带给孩子的影响，这样的影响会持续多久？

二、落地的工具

（一）停止负面语言，负面语言的杀伤力超出你的想象

语言真是一种非常奇妙的东西，同样的一件事用正面的语言可以表达，用负面语言也可以表达，今天我们来了解一下正面语言的力量。

大家可能有这样的经验，当一个三四岁的小孩子在跑，你在后面大声喊不要跑，结果会怎么样呢？他可能会跑得更快。为什么呢？因为他只听到一个字：跑。如果你换一种喊法：孩子，停下来。大家猜一下结果会怎么样？孩子停下来的可能性更大。很多妈妈问我，为什么孩子总是叫他往东他就往西，总是做相反的事情，这时我会很好奇地问：你具体是怎么跟孩子说的呢？结果发现很多妈妈都会对孩子说这样的话：别哭了，别跑了，不能打人，别玩水，不要乱扔，不许动，你真懒，你真笨，你真拖拉，你个爱哭鬼，你怎么那么没出息，你真不是块学习的料。

等孩子再大一点，上面这些话就变成了：别看电视了，不要再玩手机了，你就知道整天看手机，没有一点心思学习，长大了就是这个社会的寄生虫，你就不能像哥哥一样，一点责任心都没有，别磨磨蹭蹭的，不要打架，不准说脏话，你真让人心烦，你真是个胆小鬼，你怎么那么不自信，你怎么脾气那么大，做什么事都做不好，简直一无是处。

如果你是孩子，当你听到这些话的时候，你会是什么样的感觉呢？我相信孩子听了这些话都会感觉很难过，感觉到被指责和控制，感觉自己真的是那个没用的人、什么都做不好的人。这在孩子的潜意识里种下了多少负面的种子啊！孩子感觉不好，自然不会表现得更好。家长们要注意，阿德勒心理学告诉我们，孩子感觉好的时候才能表现得更好，孩子感觉不好的时候自然不会表现得好，一旦孩子的潜意识被种下这些负面种子，将来这些种子生根发芽，他就会成为那个你最不想看到的样子了。

我们把这一类以“不”和“别”开头的带有命令口吻的语言，以及对孩子的负面评价，统统称为负面语言。不要小看这些负面语言，如果你有兴趣，可以记录一下自己一天对孩子说的话，你可能会惊讶地发现，原来有一半以上的时间你都在使用这些负面语言。这些负面语言就像弥漫在家里的甲醛一样，悄悄地破坏着家里每个人的情绪健康，悄悄地在潜意识里种下了很多负面种子。这种负面语言就像负能量，弥漫在家里的每一个角落，负面语言越多，就像甲醛浓度越高一样，会悄悄地影响着每个人的情绪和能量状态，它的杀伤力超乎我们的想象。

以下这十句话千万不能说，说了会让孩子一生都没有安全感：

★都是因为你，我才没跟你爸离婚。

★都是因为你，妈妈才这么苦这么累。

★没有你，妈妈当年就不会放弃工作了。

★你再不听话，妈妈就不要你了。

★你再这么调皮捣蛋，爸爸就把你送人了。

★你再不好好学习，长大就废了。

★别哭闹了，妈妈都被你烦死了。

★别人家的孩子是来还债的，你是来讨债的。

★为什么别人家的孩子能做到，你就做不到。

★真后悔生了你。

无论在什么情况下，这十句话千万不能说出口，不要让这些话变成毁掉亲子关系的毒药。

那么，我们如何把生活中的负面语言转成正面语言呢？

很多父母在孩子考试前都会比孩子还要紧张，会反复叮嘱孩子：今天的考试很重要呢，不要紧张，千万不要害怕，不要漏题，不要粗心，当然也不要丢三落四的。结果孩子可能更紧张、更害怕了。有一句话是这样说的：父母所有的担心都会变成对孩子的诅咒。父母要学会从关注负面的行为到关注正向的目标，用正面的表达代替那些负面语言，这是非常重要的训练，那么我们该怎么说呢？重点是关注我们希望孩子做的事情，直接用正面的、积极的、清楚的、具体的语言来代替那些负面语言。

用“要勇敢”来代替“不要害怕”。

用“慢点走”代替“别跑了”。

用“保持安静”代替“别吵了”。

用“放轻松”代替“别紧张”。

诸如此类，用这种正面的语言代替负面语言，对6岁之前的孩子影响尤其大。因为低龄孩子的理智脑还没有充分发育，潜意识对身体的控制占主导作用。因此，不要在潜意识里植入负面的信息。

负面语言的第二个伤害就是剥夺了孩子的价值感，造成孩子低自尊、低价值感。比如这一类“不”语言：不许看电视，不要和弟弟打架，不准说脏话。负面语言的背后隐含的意义是“我是权威，你必须听我的”，这样讲家长会感觉很有力量，这也是我们更擅长用负面语言的原因，但这会使孩子被剥夺归属感和价值感，长此以往，孩子会越来越缺乏信心和勇气。那么我们怎么用正面的语言来代替这类“不”语言呢？我们可以用“请说礼貌用语”来代替“不准说脏话”，我们可以说“请放下手机”来代替“不准玩手机”，我们可以说“吃完饭就可以看电视了”代替“不吃完饭就不能看电视”。

负面语言的第三个伤害就是，当我们说“不”的时候往往带着负面的情绪，比如生气、烦躁、焦虑、担心等，镜像神经元的作用会让孩子也产生类似的负面情绪，孩子会因此退缩或者叛逆。

那么，怎么说才能帮助父母平静地跟孩子正面沟通呢？对于低龄的孩子，与其一直强调不能多吃糖，不如买一本关于牙齿的绘本和孩子一起读。对于青春期的孩子，与其家长一直用负面语言问孩子：你怎么还不去洗澡啊？不如平静地问一下孩子：看看你的日常惯例表，现在该做什么事了？与其一直威胁孩子：你再沉迷电子游戏，我以后什么都不给你买了。还不如平静地指指手表，无言的提醒。

对于家长来说，当孩子没有按照他们的期待和要求做的时候，他们就会产生气恼、失望、烦躁的情绪，当处于负面情绪的时候，他们就会忍不住用最习惯、最能表现他们的权威和力量的方式来应对，这时负面语言就会脱口而出。所以觉察一下我们的情绪，在我们出现负面情绪的时候，先让自己冷静下来非常重要。

这一节我们分享了负面语言的伤害，以及我们怎么用正面语言来代替它。最重要的是，家长要从心底改变负面的思维方式，多关注孩子的优点，多认同、欣赏、赞美孩子。

我们家长最需要具备的一种能力是欣赏能力，不是孩子优秀了你才欣赏他，而是你发自内心地欣赏你的孩子，孩子才会优秀。这个逻辑关系别搞反了。

（二）教会孩子这一招，勇敢表达自己

我想问大家一个问题，很多家长来找我咨询时，他们心底最真实的需求是什么？他最想做的事情是什么？

大家想一下，如果我问你：你这辈子最想要的是什么？你会怎么回答

我呢？

很多家长对我说：我就想做我自己。

是的，我们每个人都想真实地做自己，但是为什么我们在现实生活中不敢做自己呢？为什么我们长大了之后，身上的面具跟盔甲越来越厚呢？这是因为我们的内心越来越没有力量，需要面具和盔甲把弱小、受伤的自己包裹起来，久而久之，就把最真实的自己弄丢了，迷失了自己，总感觉自己身不由己，不敢勇敢做自己。

我们回想一下，是怎么把自己弄丢了的。我们刚出生的时候，是没有面具和盔甲的，可以很自然地表达自己。但是在成长的过程中，我们不断经历情绪打击，比如你感觉饿了，你跟妈妈说："妈妈，我饿了。"妈妈回一句："怎么可能饿呢，你刚吃完饭。"

或者你跟妈妈说："妈妈，我腰疼。"妈妈回一句："这么小的孩子哪里有腰。"

或者你摔跤了哭，妈妈却跟你说："男子汉不要哭，勇敢点站起来。"

或者你考试没考好，你很难过，妈妈回一句："你还好意思难过，考那么点分，你还有脸哭。"

在无数次被否定情绪中，被打击中，我们长大了，慢慢地，我们开始学会了把自己的情绪包裹起来，不敢表达出来，因为表达出来了也是被打击，没有人会理解，我们慢慢活成了一个戴着面具和盔甲的人，把自己包裹得那么严实，把自己最真实的声音和想法都隐藏了起来。这就是为什么很多成年人来找我的时候，说很想做回原本的自己。

我们说这些并不是为了控诉父母的教养方式不当，因为那个年代，父母没有那么多的机会可以学习如何科学教养孩子。现在时代不一样了，我们可以好好探讨一下，用什么样的方法能够教会孩子勇敢做自己。我有一种非常有效的工具，能让孩子勇敢表达自己，勇敢做自己。

这个工具就是"我句式"（如下图）。这个句式非常具有操作性，很容易使用。比如我的女儿跟弟弟抢玩具，她哭了，因为我平时就是用"我句式"跟她互动的，所以她学会了，此时她会勇敢地说："我感觉很生气很愤怒，因为弟弟抢了我的玩具，我希望你给我抢回来或者重新给我买一个。"

“我句式”，勇敢地表达自己

我感到______（感觉的词汇）______

是因为______（客观的原因）______

我希望______（互相尊重的、可行的解决方法）______

第一句“我感到什么”，就是用感觉的词汇来描述感受。

第二句“是因为什么”描述的是客观的原因，是因为什么引起了孩子的情绪。

第三句“我希望什么”是提出互相尊重的、可行的解决办法。把自己真实的需求说出来。

“我句式”就是诚实面对自己的感受，不评判，不反驳，并提出自己内心真正的建议。

这个时候孩子可以很客观地表达自己的情绪，以及引起这种情绪的原因，然后把自己内心的想法，希望得到什么样的解决方案也真实地表达出来。平时我教育我的孩子也会用这种方法。比如我在工作的时候他一直在吵我，让我陪他玩，我就会跟他说：“宝贝，我感觉到有点心烦，甚至有一点生气，因为我在工作的时候你已经进房间来叫过妈妈五次了，我希望在接下来的半个小时之内，你能让我安安静静地把这篇文章写完。半个小时之后，我们一起玩，好吗？”

用“我句式”来真实地表达自己的感受，描述客观原因以及表达解决方案，是非常有用的。“我句式”以你对自己的感受的陈述作为开始，这会在你和对方之间直接建立一种情感连接，此时大多数人会停下自己正在做的事情并开始倾听。同时，我们自己把感受说出来，也是因为别人不擅长猜测我们的感受和需要。

运用这个句式，我们就能以轻松而尊重的方式与别人分享感受和需要。

当你学会用这种句子跟孩子表达的时候，孩子也会模仿你，这是大脑镜像神经元的作用，孩子天生会模仿你的表达方式。

有的家长学完了之后跟我说：太好用了，波波校长，你一定要告诉家长，把这个句式存在手机里，跟孩子沟通有问题的时候，先停下来看一下这个黄金句式怎么用，一句一句照着说。

有的家长后来反馈：波波老师，这个句式还真有用，每次我要发火的时候，就看着这个句式说话。等我说完这些句子之后，我儿子也学会了，他也会用这种句式来跟我表达。

这个“我句式”是很真实、勇敢地把自己内心的想法和感受说出来，后面还会讲到共情的黄金句式，也就是“你句式”，用“你”字开头：你感觉到什么，是因为什么，你希望什么。

“你句式”和“我句式”是一个很好的循环。

共情的“你句式”加上勇于表达的“我句式”，就是一种非常良好的情绪沟通和表达的方式。你可以很勇敢地把自己内心真实的感受、想法和要求说出来，你也可以很准确地读出对方的感受、想法，以及对方心理的需求，这样沟通会顺畅很多。

所以亲爱的家长朋友们，在跟孩子沟通时多运用“我句式”，做到情绪诚实，打开沟通的大门，让你跟孩子更亲近。如果做不到情绪诚实，孩子就无法接纳自己，无法接纳他人，无法接纳成长。

有一点要注意，表达完感受后，描述原因的时候一定注意只描述客观事实，不评判。比如我跟女儿说：我有点烦，因为你进来五次叫妈妈，影响到我工作了。而不是说：我有点烦，因为你总是在我工作的时候来打扰我。“总是怎样”，这就是评判了。

五次进房间叫妈妈是客观事实，而总是打扰妈妈工作就是评判了，这一点大家要注意一下。

多用“我句式”和孩子沟通，孩子们就能学会这个非常有力量的工具，让我们和孩子一起勇敢表达自己，勇敢做自己。

情绪是一种能量，如果不能很好地表达出来，它会往内攻击自己，人会有内伤。看不见的伤才更痛。

（三）真正内心有力量的孩子是鼓励出来的，不是打压出来的

亲爱的家长朋友们，你是否经常听到别人这么夸你的孩子：你真聪明，你真的很厉害，你遗传了爸妈的智商，你真的很棒，你真是爸妈的骄傲，你真的很为父母争气……

听到这些，你是不是很开心？殊不知这样的表扬方式就像酒心巧克力，孩子虽然喜欢，但是吃多了对身体是有害的。很多家长会疑惑：不是要多夸孩子吗？现实生活中，很多人把“表扬”和“鼓励”两个概念混淆了。两者的区别在哪里呢？我们先来看一个实验。

著名的发展心理学家卡罗尔·德韦克和她的团队在研究表扬对孩子的影响时，做过一个经典的实验。他们对纽约二十所学校的四百名五年级学生做了长期的研究，这项研究结果令学术界震惊。

首先，他们让孩子们独立完成一系列智力拼图，进行第一轮智商测试。测试题目非常简单，几乎所有孩子都能出色地完成任务。每个孩子完成测试后，研究人员会把分数告诉他，并附一句鼓励或表扬的话。研究人员随机地把孩子们分成两组，一组孩子得到的是一句关于智商的夸奖，即表扬，比如“你在拼图方面很有天分，你很聪明”。另外一组孩子得到的是一句关于努力的夸奖，即鼓励，比如“你刚才一定非常努力，所以表现得很出色”。

随后，孩子们参加第二轮拼图测试，有两种不同难度的测试可选，他们可以自由选择参加哪一种测试。一种较难，但会在测试过程中学到新知识。另一种是和上一轮类似的简单测试。结果发现，那些在第一轮中被夸奖努力的孩子中，有90%选择了难度较大的任务。而那些被表扬聪明的孩子，则大部分选择了简单的任务。由此可见，自以为聪明的孩子不喜欢面对挑战。德韦克在研究报告中写道：“当我们夸孩子聪明时，等于是在告诉他们，为了保持聪明，不要冒可能犯错的险。”这也就是实验中“聪明”的孩子的所作所为：为了保持看起来聪明，而躲避出丑的风险。

第三轮，所有孩子参加同一种测试，没有选择。这次测试很难，是初一水平的考题。可想而知，孩子们都失败了。先前得到不同夸奖的孩子们，对失败产生了差异巨大的反应。那些先前被夸奖努力的孩子，认为失败是因为

他们不够努力。这次测试，德韦克团队故意让孩子们遭受挫折。

接下来，他们给孩子们做了第四轮测试，这次的题目和第一轮一样简单。那些被夸奖努力的孩子，在这次测试中的分数比第一次提高了30%左右。而那些被夸奖聪明的孩子，这次的得分和第一次相比却退步了大约20%。

德韦克解释："鼓励，即夸奖孩子努力用功，会给孩子一种可以自己掌控的感觉。孩子会认为，成功与否掌握在他们自己手中。反之，表扬，即夸奖孩子聪明，就等于告诉他们成功不在自己的掌握之中。这样，当他们面对失败时，往往束手无策。"

这就是表扬和鼓励带给孩子的最大区别。表扬会让孩子对自己的期望值很高，形成压力，为了可以一直维持这样的好形象，孩子就会选择逃避困难。

家长要帮助孩子树立自信心，但是很多家长不知道到底怎么做才能帮助孩子树立自信心。在"你真棒！太厉害了！你这个孩子真聪明！"的环境下成长起来的孩子，成年后会面对什么问题呢？

这些孩子做事情会总是寻求外部认可和赞赏。一旦没有了外部赞扬，他们就不想做了，就失去了动力。他们还会过度自信，高估自己的能力，潜意识里会种下一颗信念种子，不敢尝试新事物，因为怕失败了就不会得到赞赏了。

大部分父母没有意识到表扬孩子、夸孩子聪明，会夸出问题来。家长的本意是想让孩子更自信，可是适得其反，还可能因此毁了孩子的学习兴趣和动力。

斯坦福大学用十几年的实验证实了这一点。他们发现如果总是表扬孩子聪明，表扬孩子很棒，会导致孩子寻求认可上瘾，一旦得不到这样的评价，孩子很容易就会表现出退缩逃避的行为，因此要多鼓励、少表扬孩子。

鼓励能让孩子专注于自己的努力，他们相信自己内在的力量，愿意坚持尝试，付出努力。

鼓励就像空气和水，是孩子成长必不可少的养分。正如美国儿童心理学家德雷克斯所说：孩子需要鼓励，就像植物需要水，植物没有了水会死，孩子没有了鼓励会枯萎，会逐渐丧失不断探索的勇气。我们的潜意识正向教养法，能让孩子感受到价值感和成就感。

今天我们明白了鼓励和表扬的区别：鼓励关注孩子的内在，表扬关注外在。从长期效果来看，表扬让孩子依赖别人，而鼓励让孩子充满自信。

那么具体我们可以怎么做呢？我教大家四种鼓励句式。

★启发式鼓励：你感觉怎么样？你是怎么做到的？

比如孩子考了100分，你问他："宝贝，你感觉怎么样？"孩子可能会说："我感觉很爽啊，我感觉很有价值感，很有成就感！"你还可以多问一句："你们班有多少人考100分呢？你有没有留意到他们感觉怎么样？"多挖掘强化孩子考试好的时候的美好感受，强化这种美好的感受，孩子潜意识里就愿意自动自发地去努力追求好成绩。

另一个黄金问句是问孩子怎么做到的。

考了100分，孩子可能会回答："我很认真地做习题啊，我考试的时候检查了几遍，你教我的思维导图，我以前觉得麻烦，这一次我用了，觉得太好用了。还有妈妈，你教我的错题本，真的好好用，同样一道题绝不错第二次。"

总之，引导孩子去关注这个过程，思考他做了什么导致这个好的结果，孩子下一次会更愿意朝着这个方向去努力，因为所有的孩子最听的其实是他们自己的话，我们把这种鼓励孩子的方式叫作启发式鼓励。

这个句式让孩子把焦点放在梳理自己成功的经验上，这还可以防止孩子产生骄傲自满的心态。

★描述性鼓励：客观描述事实，不进行评价。

句式：我看到……我注意……

举例：妈妈或爸爸注意到你刚才在悉心照顾弟弟和妹妹。（不进行评价）

妈妈看到你已经为这次比赛付出了很大的努力。（失败了的孩子更需要鼓励）

用"妈妈注意到""妈妈看到"开头，你的语言就会像摄像机一样自然地描述行为。

如"妈妈注意到今天作业有点多，你也有点着急，但是你克服了自己的情绪，专注高效地完成了家庭作业"。孩子听了会很开心，这种鼓励孩子的方式重点就是描述孩子具体的行为，用肯定孩子的具体行为来代替评价表扬孩子本身，这种肯定时间长了对孩子帮助非常大，孩子自己也会把注意力放在具体的行为上，而不会总是去关注如何取悦大人。

如果有朋友夸自己的孩子聪明、夸自己的孩子好棒，我们可以这样说：他平时就喜欢做这个，很勤奋努力。把孩子的注意力从评价他自己转移到关注自己做了哪些行为。这也是一种描述性鼓励，客观描述事实，把关注结果，转移到关注行为上。

★感谢型鼓励：发自内心的感谢，感谢孩子的付出和贡献。

句式：谢谢你……

多跟孩子这样说：谢谢你遵守我们之间的约定，谢谢你按照日常惯例表准时完成了阅读……表扬的本质其实是上对下，如果把表扬改成感谢，会让孩子感觉很受尊重，也会感觉特别有价值感、有力量，这种力量日积月累是非常强大的。

★授权型鼓励。

句式：我相信你能…… 你是你自己的骄傲。

孩子表现好，家长经常说："宝贝，你真是妈妈的骄傲。"这样说的时候，家长自己是有力量的，但是往往孩子没有力量，因为孩子会把注意力放在家长身上，而不是思考自己要怎么努力，只是为了取悦家长。这样下去，会形成一种认知：学习是为你学，而不是我要学。鼓励的方式，就是相信孩子能行，让孩子为自己骄傲，我们可以经常对孩子说：妈妈相信你能做到，你一定可以的。

遇到孩子表现好，取得了很好的成绩，把"你真是妈妈的骄傲"改成"你真是你自己的骄傲，妈妈一直都很相信你"。

这样就能把对孩子能力的信任深深地种植到孩子的心田，这种由内而外的内驱力能激发孩子持续的学习动力。

今天我们学习了四种鼓励句式，这四种句式需要大家多加练习，才能自动自发地成为自己的语言鼓励模式。

潜意识正向教养法提倡：多鼓励，少表扬；多描述，少评价。练习练习再练习，我相信你一定能做到经常鼓励孩子。

（四）“三要”和“三不要”，让孩子心情愉悦的起床，一天好心情

你家孩子早上起床是不是下面这样？

一大早你就开始催孩子：宝贝啊，六点半了，快起床，快起床，快一点，快点，不要老是迟到，经常迟到，害你妈都得迟到，你快点行不行啊。刷牙，你刷干净点，不要糊弄你妈，牙齿是你自己的。快点吃饭，把饭吞进去，含在嘴里干什么呀？赶紧吃啊，牛奶还没喝呢，你没吃早餐哪有精神上学啊。书包，水杯，水杯，赶紧的，你每次都这样，丢三落四的……

你是不是觉得：波波老师，你在我家装摄像头了吗？

接下来分享“三要”和“三不要”。

先说“三不要”。

第一，不要隔空喊话。

你一早在厨房做饭，就开始隔空喊话了：宝贝，快起床了，快一点，快迟到了，闹钟都响三回了。你快一点，快一点，快点！

不要隔空喊话。停止错误就是一种进步。

第二，不要掀被子。

喊了半天，孩子还没起床，你就跑到孩子房间里去了，把窗帘一拉，把被子一掀，拉他起床，你有没有做过这种事？

你知道你伤了孩子的安全感吗？有全职妈妈养出来的孩子依然没有安全感，为什么？你平时的一句话、一个动作，都可能无意间伤害孩子的安全感。

我是非常尊重全职妈妈的。365天全年无休，24小时在线，所有问题由自己解决。我知道全职妈妈很辛苦，也很委屈，但是如果用错了方法，孩子会没有安全感，一辈子没有幸福的能力。不要伤害孩子的安全感，不要掀被子，这是第二个。

第三，不要说迟到。你总是说：快迟到了，不要迟到了，你赶紧的，不要拖拉磨蹭了。你总是把迟到挂在嘴边，就会把迟到这个种子种到孩子心里去。

不要去想那头粉红色的大象，不要去想那头粉红色的大象，不要去想那

只黑猫……现在你脑子里有没有黑猫，有没有粉红色的大象？这就是大脑的特点，它会把“不要”这个词过滤掉。

所以你说“不要迟到、不要拖拉磨蹭”，他记住的就是迟到、拖拉磨蹭。你种的种子全都是负的，家庭教育就是个种种子的过程。

接下来讲“三要”。

第一步，不说话。

没有学会具体的话术之前，先不说话。

第二步，还是不说话。你坐在孩子的床边，用好你这一双传递爱意的双手。用这双传递爱意的双手干什么？你就摸摸他，然后亲亲他，抱抱他，把他的双手从被子里面拿出来，适应一下外部的温度，而不是掀被子。

这个动作让孩子感觉很温暖。每个孩子都期待跟妈妈有肢体接触，这么做满足了孩子的心理需求。

第三步，描述事实。

我知道你憋到现在憋不住了，不说话不行，我教你话术：“宝贝，六点半了该起床了。”（不带情绪，客观描述事实。）

你听完这句话有没有觉得很温暖、很温馨？

相比凶巴巴地说：“六点半了，你赶紧给我起床，听到没有？”你能理解这两者之间的差别吗？描述事实不带情绪、不带评判、不带批评。

这三步做完了，有两种情况。

第一种情况，孩子马上起床了。这时你要及时鼓励：“宝贝，你看，妈妈叫一次你就起床了，这么冷的天你都能起得来，这说明你是个自律的孩子，将来一定能成大器。”

及时鼓励孩子，种好的种子。

第二种情况，他没起床，这时怎么办？

把游戏用到极致。用好你这双手，开始给他挠痒痒，孩子咯咯咯咯一笑，他不就醒了吗？这个时候你再说那句话，描述事实：“宝贝，六点半了，该起床了。”然后你该干啥干啥去，孩子会自发起床。

根据孩子的年龄阶段，0—6岁是“钻石时期”，小学是“黄金时期”，初中是“白银时期”，高中是“抢救时期”。

无数家长跟我说：波波老师，我真的来晚了，来晚了，我要早知道这些，我就不用吼孩子，不用早上催孩子了。

是，你是来晚了，但也别自责，种一棵树最早的时间是十年前，其次是现在。你现在开始学家庭教育也来得及。

有个别家长跟我说：波波老师，我用了怎么没有效？

我问她：你家孩子多大了？她说15岁。

我说：亲爱的，你花了15年的时间，把孩子培养成那个睡懒觉、拖拉磨蹭的孩子。你期待波波老师一天帮你改正吗？这现实吗？

冰冻三尺，非一日之寒。如果你家孩子到了青春期，那已经是“抢救时期”了，在“抢救时期”的时候，你付出的时间、精力、财力、物力，比0—6岁时可能要多十倍甚至百倍。

家庭教育一定是越早学越好，预防大于治疗。

孩子早起带着愉悦的心情去学校，学习效率倍增，你给他报的那些培训班才有作用，否则全都是打水漂，就像鸭背上泼水吸收不了。

（五）通过游戏力，强化孩子的“最优体验”

对成年人来说，游戏意味着休闲，但是对孩子而言，游戏却是工作。

在幼儿期，孩子的生活和本能的重心只有一件事，就是玩。我讲的游戏力不仅是指家长要学会一些好玩有趣的游戏，来解决跟孩子的冲突。我们还要学习了解游戏是怎样主导孩子的学习、认知和社会性发展的。孩子做游戏不仅是为了交朋友、体验生活，还是积极的探索学习。很多社会情感发展、创造力的发展主要是通过游戏培养。

曾经有个妈妈来找我咨询。

她的儿子6岁了，在幼儿园经常被投诉，因为他经常把其他小朋友抓伤或者把小朋友推倒在地。其实他的问题出在他对身体的界限没有感觉，也不知道用这样的力气会让别人不舒服或者受伤。他的触觉、运动觉、平衡觉都没有发育好，所以在幼儿园特别容易跟其他的同学发生冲突，经常会把同学撞伤，有的时候他表达喜欢一个人，也会用力拥抱对方，让人家很难受，甚至会受伤。他的本意是好的，但是他不知道这种行为会给别人带来什么样的反应。自己身上也经常青一块紫一块的，好像没有痛感一样。

我后来通过这位妈妈了解到，孩子在家里是管教很严格的。他父亲是一个要求特别高的人，母亲是一个有洁癖的人，家里很整洁干净，不允许孩子在家玩，在整个成长过程中，孩子在家里一直受约束，经常被批评。

孩子缺乏通过游戏来学习探索的机会，这妨碍了孩子建立身体的界限感以及学习跟人相处的模式，孩子的天性和情绪也无法通过游戏的方式来释放。后来我给这位妈妈建议：每天跟孩子玩一个打斗的游戏。打斗对抗的游戏花样数不胜数，比如家长试图把孩子压倒在床上，孩子又全力突破家长的防线，或者家长先抱住孩子不放，让孩子想办法扭身挣脱。最重要的一件事就是游戏的过程中，如果爸爸妈妈被弄疼了或者孩子用力过度，游戏就要停下来，爸爸妈妈就要告诉孩子这样很痛。这个训练对孩子来说是一举多得的。首先是训练他对身体力量和界限的掌握，其次是把孩子之前被限制束缚的情绪和能量通过游戏的方式发泄出来。两个月之后，孩子的妈妈非常开心地告诉我，孩子跟小朋友发生肢体冲撞的频率低了很多。为什么孩子，尤其是男孩子特别需要打斗对抗这类游戏呢？因为孩子需要练习对自己身体的约束和控制力。

另外，攻击性是人的本能，人需要在游戏当中学习，跟自身的攻击性和平相处，并且把这种情绪和能量有限制地释放出去。假如我们不让他们在游戏当中释放攻击性，那么孩子就会在真实的生活当中打架。上面介绍的打斗对抗的游戏，特别适用于爱打架的孩子，家长们都可以试一试。

游戏不仅可以培养孩子的感知能力，还可以帮助孩子培养创造力。

我女儿创造力很好，因为我们在家允许她做各种尝试和探索。举个例子，她会在家自己策划一场服装秀。从场地布置到背景音乐的选择、服装的搭配，都由她计划。我的礼服都是她的道具，她还会安排小朋友们一起参与。家长都是她的观众，她还会安排我们配合她拍照、录像。这很好地锻炼了她的思考、规划、创造、沟通等各种能力。

游戏还可以解决多子女家庭养育的问题。二胎来了，老大、老二总是争吵，用游戏的方式就能解决。把孩子们之间的竞争关系，调整为合作关系。游戏可以分为三种："正和游戏""零和游戏""负和游戏"。"正和游戏"是指赢家所得比输家所失要多，或者没有输家，结果为"双赢"或"多赢"。"零和游戏"是指一项游戏中，游戏者有输有赢，一方所赢正是另一方所输，而游戏的总成绩永远为零。“负和游戏”是指博弈双方虽有一方获胜，但付出了惨重的代价，得不偿失，可谓没有赢家。孩子们通过游戏体会“双赢”的理念。

比如玩海洋球，一个抛球，一个用篮子接球，两个孩子轮流来。

这个就是“双赢”，如果一个玩，另一个不给，就是“零和游戏”，两个人打起来，都没得玩，就是“负和游戏”，孩子会从中理解合作的重要性。

我们还会用针线穿着葡萄、糖果，做成钓鱼的样子，让两个孩子扮成鱼，在家里玩钓鱼的游戏，我是钓鱼的人，转圈圈，孩子们追着鱼饵跑。

还可以在家玩“洪水来了”游戏，家里的沙发、床都是小岛，我一说“洪水来了”，孩子们就要赶紧上岛，地板就是水域，我就是水域中的鳄鱼，这个游戏百玩不厌。

这些都是跟孩子一起玩游戏的方式。游戏的体验感很好，会产生心流，让家长和孩子的连接非常好。

大家都有这样的经历，当你和朋友、伙伴或者父母玩得很开心的时候，会忘记时间，忘记劳累，忘记周围的一切。这种体验是非常美妙的，会让人产生心流。

什么是心流？心流，是一个人完全沉浸在某种活动当中，无视其他事物存在的状态。这种体验本身会带来莫大的喜悦，使人愿意付出巨大的代价，有强劲的内在动力。

当你全身心地投入某件事，达到忘我的程度，并由此获得内心的秩序与安宁时，一种极大的满足感会悄悄潜入你的心，使你快乐。

在游戏中疯玩，可以体会到最优体验。

什么是最优体验？当你处于最优体验时，你会感到无比欣喜，觉得有能力控制自己的行动，主宰自己的命运，而不被莫名其妙的力量牵着鼻子走。它是一种你渴望已久的东西，在追寻理想人生的旅途中为你树立了一座里程碑。

这种场景会让孩子回味很久，也会保存在他的潜意识里，他会觉得跟父母很亲密，这有利于培养孩子的自信！

在游戏当中激发的活力、产生的亲密感，可以缓解父母的压力，游戏不仅能帮助我们进入孩子的世界，还能帮助我们以孩了的方式重新建立自信和亲情。如果孩子在游戏中玩得开心尽兴，那么他们的合作精神与创造力也会表现得淋漓尽致。游戏既能帮助孩子探索世界，又能帮助他们理解每天所接收到的信息，还能帮助他们从生活的挫折中重新振作起来。

比如一个孩子在学校不顺心，回到家里他就会以这样或那样的方式表现出来，他们可能把学校的遭遇唠叨一番，甚至可能迁怒于他人，或者把自己锁在屋里。我们可以引导孩子用游戏的方式表达出来，由他来扮演老师，通过扮演老师，孩子重新回顾了事情的经过，不过这一次的故事中掌控者是孩子，而在这个过程中孩子的心情也逐渐恢复平静。

游戏力并不限于传统的游戏时间，实际上它随时随地都能发生，游戏力源于游戏，但比游戏更为丰富，从枕头大战到一起逛商场，从安慰孩子到一起修理自行车，从共同讨论规则到准备上学，从运动受伤时帮他克服沮丧到听孩子讲述他的恐惧和梦想，都可以进行游戏。

如果你感觉跟孩子不够亲密，孩子不够有创造力，不够自信，那就先从陪孩子疯玩开始吧。家长和孩子玩游戏的时候，要遵循三个原则。

第一个原则：笑声跟随原则。笑声的意思就是如果一个游戏的玩法能够把孩子逗得咯咯地笑，那么那个游戏就值得再玩一次，只要孩子有笑声就可以一直玩。

第二个原则：孩子主导原则。尽量让孩子制定游戏规则，大人要多扮演一个“愚笨”的角色。有些家长不能放下自己强烈的控制欲，妨碍了孩子享受游戏的乐趣。比如大人总想教孩子学会如何正确抛球，但是孩子只想乱扔着玩。

第三个原则：孩子获胜原则。家长们要知道孩子需要在游戏当中获得的不是公平的较量而是胜利，特别是那些缺乏自信的孩子。你可以去问一个四岁的孩子，他们是更愿意跟同伴玩还是跟父母玩，大部分这个年龄的孩子都会选择父母，因为和父母一起玩的时候，他们可以获胜，可以主导游戏。而他们的同伴一般不会主动让步，如果孩子可以在游戏当中主导、命令父母或者打败父母，那么他会得到一些价值感和安全感的补充，他们会更有勇气出去和同伴较量。

总结一下本节的内容：

孩子的工作就是玩游戏，玩游戏可以激发孩子无限的创造力。

过度限制孩子玩游戏，孩子可能会缺乏身体的边界感。

孩子玩游戏时会产生心流，这会增强亲子关系，还能帮助孩子从生活的挫折中重新振作起来。

和孩子玩游戏，这三个原则要记住：笑声跟随原则，孩子主导原则和孩子获胜原则。

（六）十句话常挂在嘴边，孩子一生都有安全感

经常拥抱孩子，并且说以下这十句话，会给孩子一生的安全感。

★无论发生任何事情，无论在哪里，妈妈都会在你身边。

★能做你的妈妈，那是我的福气。

★你是妈妈祈求来的宝贝。

★全家人都爱你。

★你值得拥有所有人的爱。

★不管你成绩好不好，妈妈都爱你。

★妈妈觉得有你真好。

★工作一天累了，回来看见你，一身疲劳都没有了。

★你需要妈妈的时候，妈妈会无条件地支持你。

★在任何时候，妈妈都相信你。

经常对孩子说这十句话，孩子的内在会非常有力量，会终生有安全感。

（七）带着爱放手，让孩子做自己

我常听《感恩的心》这首歌。这首歌是一位失语的女孩子在她妈妈临终的时候，用手语告诉妈妈的话。其中有句歌词，我印象特别深刻：感恩的心，感谢有你，伴我一生，让我有勇气做我自己。这句话其实是每个孩子内心真实的想法。这里请大家静静地回想一下，这是不是你内心深处最真实的需求。

反观现在社会上的“妈宝男”“妈宝女”，被父母宠坏了，把什么事都当作理所应当，同时，也有很大一部分人失去了独立的能力。

爱孩子，就要学会放手，温室里长不出参天大树，孩子终要学会自己面对一切。所有的关系都是为了聚合，唯独亲子关系是为了分离。

孩子比我们多活几十年，作为父母，我们无法预知孩子的未来，但我们可以选择，我们可以选择做园丁，教会孩子适应未来世界的方法。

未来的世界是怎么样的呢？智能时代的到来，打破了我们原有的工作和生活方式，未来可能90%的工作岗位将会消失，被人工智能取代。

像《未来学校》这本书中所言，未来的学习中心，没有固定的教室，每个房间都需要预约，它可以在社区，也可以在大学校园，甚至在培训机构。未来的学习中心，没有统一的教材，全天候开放，没有周末、寒暑假，没有上学、放学的时间，也没有学制。未来的学习中心，教师是自主学习的指导者、陪伴者，一部分教师将变成自由职业者。教育变革是个趋势，未来取消高考也是有可能的，那孩子最需要学习的到底是什么呢？

人工智能时代，人类独有的探索创新能力、沟通能力、领导能力、终身学习能力，才是孩子适应未来社会必须具备的能力，而这些能力需要孩子自己去学习和掌握。

所以，无论是年轻的父母们，还是已经年老的父母们，孩子不仅仅需要我们的宠爱，他们更需要我们放手的爱！

孩子们都是非常优秀的，他们有能力独自创造更好的生活，或许他们自己找到的未来，比父母提供的更好。

所以，为了让孩子真正成长，请把成长的权利还给孩子。家长可以从下面四个方面做起。

第一，父母学会放手，给孩子尝试和体验的机会。

我记得在网上看到过这样的故事：

有位中国父亲带着孩子去德国旅游，有一天，他在海边看到一位德国妈妈在躺椅上看书，她的孩子抓了一把沙子往嘴里塞。

这位父亲看到后非常着急，走上前去提醒德国妈妈："你的孩子要吃沙子了。"那位母亲非常茫然："那又怎么样呢？等他尝过之后知道沙子不好吃，自然也就不吃了。"

那位父亲很吃惊，如果这是在中国，大部分父母会阻止孩子，告诉孩子沙子不能吃，这跟孩子自己把沙子放到嘴里发现难以下咽，结果是一致的，但孩子获得这个结论的方式不一样。前者，孩子获取的是父母判断之后提供的间接经验；后者，孩子是亲身体验之后获得的直接经验。

差别就在体会上。回忆一下让我们印象深刻的事，你会发现基本上都是自己的亲身体验。有时候，成人眼里轻而易举的事，让孩子自己去体验，他们反而能从中体会到更多，对他们的影响也更深远。

孩子长大的过程，是一个社会化的过程。这个过程最显著的特点之一就是实践性。父母要学会放手让孩子长大，生活能力强的孩子长大后是充满自信的、有魅力的。

第二，别再怕孩子摔跤，孩子能自己爬起来。

每一个孩子都会在成长的道路上摔跤、跌倒，面对这种情况，父母的做法大概分为两种。

第一种，当孩子摔倒，父母担心孩子摔疼了，立马跑过去搀扶，边扶边安慰。

第二种，孩子摔倒时，暗中观察孩子的表现，如果觉得孩子摔得不严重，父母会鼓励孩子自己站起来，甚至视而不见，这无形中会让孩子觉得：摔跤并不是什么大事。孩子会选择自己慢慢爬起来，这培养了孩子坚强的意志力。

对比这两种做法，无疑第二种是明智的，这种看似冷漠无情的教养方式，其实是一种更深沉的爱，这种做法能使孩子学会控制自己摔跤后的情绪和行为，提升自控力。

父母要认识到，孩子小的时候面对的是个跟头，将来还可能面对学习、工作、感情等诸多方面的挫折，如果你希望孩子坚强地面对那些“跟头”，就要从孩子小时候开始学会放手，相信孩子能自己爬起来。

错误是最好的学习机会，允许并接纳孩子犯错误，让孩子在错误中成长。

第三，让孩子自己做决定，学会对自己负责。

我们常常认为替孩子做决定是我们做父母义不容辞的责任，但是我们忽略了一件事情，孩子虽小，但是他也有自己的想法、喜好和判断。他们可能比你更清楚自己喜欢什么，擅长什么。

比如我家，女儿从小买什么衣服、穿什么衣服、吃什么、去哪里玩等，我都会经过她的同意，由她自己决定。有一次买鞋子，有一双粉色的运动鞋我觉得很好看，但她选择了橙色的，那就尊重她的意愿。上兴趣班也一样，她的兴趣班都经过了她同意，比如舞蹈、编程、画画，只有她自己选择的，她才会坚持到底，也才会有更大的动力去学好。

网络上有一句调侃：有一种冷叫妈妈觉得你冷。这样的例子在生活中随处可见。父母经常会以自己的感觉来判断孩子的需求，然后自作主张地满足这个需求，殊不知，这未必是孩子需要的。父母正确的做法是站在孩子的角度思考问题，分析孩子的需要，并把决定权交给孩子，让孩子对自己的决定负责。

第四，不要随便给孩子贴标签，尊重孩子的个性。

美国心理学家贝科尔认为：人们一旦被贴上某种标签，就会成为标签所标定的人。所以，毁掉一个孩子，一个标签就够了。

有这样一则寓言故事。

一头狮子一觉醒来，发现自己的尾巴上多了一个写着“驴子”的标签。狮子十分恼火，想尽办法把这个标签弄下来，但没有成功。更让它恼火的是，每当它走在路上，其他动物都会指着它尾巴上的标签，小声地议论道：“那是驴子，不是狮子。”一开始，狮子并不认为自己是驴子，因为它比其他狮子健壮，是一头彪悍的雄狮，与其他动物相比，自己的体型更庞大。可是，说它是驴子的声音多了，它开始怀疑自己的真实身份了。一天，狮子气急败坏地质问另一头狮子：“难道你也认为我是驴子吗？”这头狮子说：“驴子先生，你虽然长得像我，可你和我不是同类，你的尾巴上明白地写着‘驴子’啊！”渐渐的，狮子接受了自己是一头驴子。

这种现象也被称为“标签效应”。请大家好好回忆一下，自己有没有说过以下这种话：你怎么那么胆小！你怎么总是那么拖拉！你怎么总是做不到！

父母们可能会想：我给孩子贴的这些标签，是希望暗示和引导孩子往父母所期待的方向发展。但一个情绪管理能力还没有养成的孩子，一旦被贴上负面的、不好的标签，不仅不会改变孩子那些在父母眼中的“不良行为”，还会更容易加入“不良”群体，更容易在“不良行为”的道路上越走越远。

只有强化孩子的优点，不断认同、欣赏、赞美孩子，不断鼓励孩子，才能激发孩子改正缺点的积极性，这种正向教养出来的孩子，才会充满阳光。

孩子的成长犹如培育一粒种子，不同的种子会结出不同的果实，不管是什么类型的种子，只有父母适当放手，让孩子自己去体验、去摸索、去探寻自己想要的一切，孩子才能走得更远，生活得更幸福。

请把成长的权利还给孩子，让孩子成为有自信、有智慧、有能力的人，让孩子在成长的道路上走得更自信、更坚定、更长远。

带着爱放手，让孩子勇敢做自己，我们坚信，每一个孩子都是优秀的。家长们，我们一起做好园丁，静等花开吧。孩子发挥自己的优势特长，未来很可能远超出我们的想象。

三、真实的案例

（一）反面的案例——爱无能的教养

有个男孩是个学霸，但他从小胆子就特别小，因为他妈妈特别强势，是世界五百强公司的高管。

小时候，这个男孩不小心把妈妈的一个花盆打翻了，妈妈过来一看，拉着孩子的手说："你胆子够大，把家里所有花盆给我打碎。"

那孩子哪儿敢呢？他妈妈把他的手一挥，把桌上的几个花盆全都推到地上打碎了。然后孩子哭了，妈妈说，花盆打碎了就哭，太没出息了。之后就开始非常疯狂地打孩子。

从这以后，这孩子心里埋下了一种更深的恐惧，他的心也变硬了。

有一次，他和同学打球的时候把脑袋撞了，同学头上撞出个大包，他的眉骨撞裂开了，流了好多血，同学们都非常害怕，而他只是跑到水龙头那儿冲了一下，同学和老师都说他很勇敢。

回到家，他妈听说之后特别高兴，马上送了他一个奥特曼玩具。

奥特曼玩具是男孩早就想得到的礼物，但是当他终于拿到这个一直想要的玩具时，他却哭了。

他多想听妈妈问自己一句：你疼吗？或者关心他一句：洗伤口的时候要小心点。可妈妈一句这样的话都没说。妈妈这种冷酷，让他的心也觉得更冷了。后来他上中学时，又发生了一件很夸张的事。班里来了个女同学，跟他成了同桌。这个女同学的妈妈和他妈妈一样非常强势，所以他俩就成了知心朋友，经常说些心里话。结果老师觉得有问题，没多久就把他们俩给分开了。但是一到自习课，他们俩还是坐到一起，不出意外，他们俩被老师认定为早恋。这可麻烦了，两个孩子的妈妈很快都知道了这件事，于是各自开始出狠招。

女孩的妈妈让女孩写了一万遍“我是一个不自尊的女孩”，男孩的妈妈让他写了一万字的检讨信，他写了两遍都没有通过，直到他第三遍的时候写了“我是一个坏男人，一心就知道想女人”这样的话，妈妈才通过了。

最过分的是，他妈还让他当着全家人，特别是当着他最喜欢的奶奶的面去大声读这封信。

男孩说：“我写第三遍的同时，也写好了一封遗书。”

遗书里他跟妈妈说：“做你儿子的这段人生里，我生不如死，如果我死了，你不要难过。”

还好，这封遗书没有成为现实，他没有死。

他想了很久，终于明白，自己要好好活着，活出点人的样子。

于是，他心怀仇恨长大了，高中毕业后，他考到了北京的大学，后来在大学留校任教。

在北京工作了七八年，他都没有跟他妈妈联系过一次。他妈妈歇斯底里，经常打电话给他，他也不接。

后来他把那封遗书寄给了他妈。后来他听爸爸说，妈妈看到这封信的时候，伤心欲绝，一夜白头。很多年后，这个孩子的姥爷去世的时候，他才回了一次家。

他半夜赶回老家，但是没有回家，直接去了医院的太平间。一到门口，就听到自己妈妈在里面号啕大哭，指着他姥爷咆哮着哭喊：你怎么就死了啊，你给我站起来，从小你就瞧不起我，你一直说弟弟很棒，总说我不行，骂我一个丫头片子那么聪明、成绩那么好有什么用。我那么认真努力，你一天也没有正眼看过我一次，但我还是给你买了房子，孝顺你。可是你却说我从小就爱显摆。我从来没有得到过你的肯定，哪怕一句都没有。所以我也不知道该怎么爱我的儿子，我儿子现在已经跟我断绝关系了，你能把儿子还给我吗？

他妈妈情绪激动得根本难以控制，一会儿就哭昏过去了。

这个男孩的父亲跟男孩说：你回家换套衣服吧。一进家门，他看到自己的房间惊呆了。他的房间十多年来没有任何改变，桌上有两摞信，都是写给他的，但是没有寄出去，而这两摞信的内容都有共同的三个字：对不起。他看到这三个字以后，心一下就软了，立刻跑回了医院。

这时候他妈妈也苏醒了过来，他想抱抱妈妈，但又不敢上前，也不知道怎么表达当时复杂的心情。他妈妈看到他过来看自己，哭了起来，把儿子抱在怀里，泪流不止。那一瞬间，妈妈大声说了一句：对不起，我有病。

他说：我的心一下就软了，又想起在医院里姥爷走的时候，妈妈歇斯底里控诉的那些话。

男孩忽然明白了：我的妈妈是个爱无能患者，她本身就没有爱的能力，虽然她内心是爱我的，但她不知道怎么爱，因为姥爷没有给她这种能力。她在教育里，根本没有一丝温柔，只有坚硬；根本没有任何原谅，只有满满的委屈。这种充满伤害的爱的方式，一直在这个原生家庭延续。

看完这个故事，我们更能深刻体会原动力、内在力量是多么重要。

（二）九岁男孩啃指甲，三个月后大变样

这是一个真实的案例。

一个学员妈妈，来的时候很焦虑。她儿子九岁了，胆小怕事，唯唯诺诺，在班里经常被同学欺负，也不敢反抗，回家也不敢跟爸妈说，父母经常看见孩子身上青一块紫一块的。

这个孩子的肢体语言都是收缩的，肩也是内收的，平时经常低着头，还习惯性地啃指甲。

妈妈很想帮儿子树立自信，让孩子变得勇敢起来，尝试过各种方法，但都没有什么效果。

我们先来看一下孩子的成长环境，妈妈在孩子两岁时，就和爸爸离婚了。早在怀他的时候，夫妻俩就经常争吵，他出生后自然也是在父母的吵架当中度过的，这样的孩子是极度缺乏安全感的。

从小孩子就觉得自己是不受欢迎的，自己是妈妈的拖累。他从两三岁的时候就开始习惯性地啃指甲，焦虑紧张时啃，害怕恐惧时啃，甚至平时无意识时也会啃。

上幼儿园、上小学时，他都是班里那个受人欺负的小朋友，永远喜欢坐在角落里，害怕被看见。但他其实内心很渴望有人一起玩，渴望自己能融入集体。

这位妈妈上完课后，用了几招，孩子的变化就超出了她的预期。

第一，要拥抱。

每天早上孩子上学前，给孩子一个大大的拥抱。

每天孩子放学回来时，第一时间给孩子拥抱。

第二，每天把那十句爱的语言挂在嘴边，最好倒背如流。

★无论发生任何事情，无论在哪里，妈妈都会在你身边。

★能做你的妈妈，那是我的福气。

★你是妈妈祈求来的宝贝。

★全家人都爱你。

★你值得拥有所有人的爱。

★不管你成绩好不好，妈妈都爱你。

★妈妈觉得有你真好。

★工作一天累了，回来看见你，一身疲劳都没有了。

★你需要妈妈的时候，妈妈会无条件地支持你。

★在任何时候，妈妈都相信你。

第三，让孩子学会勇敢地表达自己。

教会孩子真实地表达自己的感受，不管是什么感受，妈妈都无条件地接纳。

儿子有一天回来说：“妈妈，我感到很委屈，因为我同桌把我的笔摔坏了，他向我道歉了，但我还是希望有一支新的。”

妈妈说：“儿子，你的笔被同学摔坏了，你感到很难过，妈妈理解你，那我们重新买一支吧。”

刚开始儿子经常分享在学校受的一些委屈、不公平待遇。后来，妈妈发现儿子会分享学校里开心有趣的事了。

儿子越来越开朗自信了，也越来越受同学欢迎了，还有几次考试进了班级前五名。

妈妈的开心无法用言语来表达。

第三章

如何掌控情绪，和孩子像朋友一样沟通

很多家长学员经常跟我感叹：为什么学了那么多，还是教不好自己的孩子？掌控不了情绪，所有的育儿技巧都是空谈。在这一章中，我们谈谈如何学会做情绪的主人，拥有情绪自由，有效地和孩子沟通！

一、背后的原理

经常有家长朋友跟我说：波波校长，为什么我总是会对我的孩子发火呢？我在外面的时侯脾气还好，一面对孩子就总是忍不住发火，尤其是他（她）写作业的时候，这到底是为什么？

（一）情绪有好坏之分吗？

先跟大家从脑科学的角度来解释，为什么你会忍不住对孩子发火，你发火的时候大脑是如何工作的，以及你如何让自己从情绪中抽离出来，让自己做情绪的主人。

在心理学中，我们把情绪分为喜怒哀惧四种，每一种都有正面积极的意

义，也有负面消极的意义。比如喜悦是分享的力量，但喜悦也有不好的一面，如范进中举。

第二种情绪是愤怒，大家都觉得愤怒不好，但它也有正面积极的意义。当一个人愤怒的时候是很有力量的，谁都要忌他三分，它是一种保护的力量。

第三种情绪是悲伤，悲伤也有正面积极的意义。当你悲伤的时候，找个地方痛哭一场，是不是好很多？它是一种疗愈的力量。

最后一种是恐惧，它是保命的力量。当你面对威胁，比如一只老虎在你面前，你不懂得恐惧，连命都会没了。

因此，喜怒哀惧四种情绪客观存在，没有好坏，有谁只有三种情绪吗？没有的，每个人都有这四种情绪，情绪没有好坏之分，当你觉察到这一点时，你就能接纳情绪了。

（二）你发火时，大脑是怎样工作的

我们现在来了解一下，当一个人有情绪的时候，当一个人愤怒的时候，大脑是如何工作的。

我们每一个人都有两个脑，一个叫动物脑，一个叫理智脑。人愤怒的时候，理智脑就会丧失功能，动物脑就开始工作了。

先来看一个我们可能很熟悉的场景，孩子答应21：30上床睡觉，但是时间到了，他还在玩电脑，你提醒他写作业，他说还要再玩会儿。等一会儿，你再叫他一次，他当耳边风。过一会儿，你再一次催他早点写作业，明天还要考试，他还在磨蹭，这时你心中的怒火一下就被点燃了，于是你朝他吼了起来：“快点写作业，听到了没有？每天都这么拖拉磨蹭，你明天还要不要考试了，现在就给我去写作业，立刻！马上！”孩子可能也会不适应，声音比你还大：“不，我就不听你的！每天像个黄蜂一样在我耳边嗡嗡嗡，烦都烦死你了。”

这个时候家长和孩子的情绪可能都已经失控了，我们把情绪失控叫作“大脑盖子”打开了，就像我们的大脑里面有一个情绪按钮的开关，当情绪按钮仪被打开，我们就会出现情绪失控的行为。这个时候的父母可能会开始吼孩子，说一些伤害孩子的话，甚至动手打孩子。如果孩子的情绪按钮打开了，他就会哭闹，不依不饶，也会说一些伤害父母的话。这样的彼此伤害就会损伤亲子关系。

丹尼尔·西格尔用一个大拇指握在中间的拳头来比喻大脑，俗称“掌中大脑”。从掌心到手腕部分可以比喻为我们的脑干，脑干是生命的中枢神经，我们的呼吸和心跳都由它来掌控，那么被握在中间的大拇指和脑干就可以叫作动物脑了。

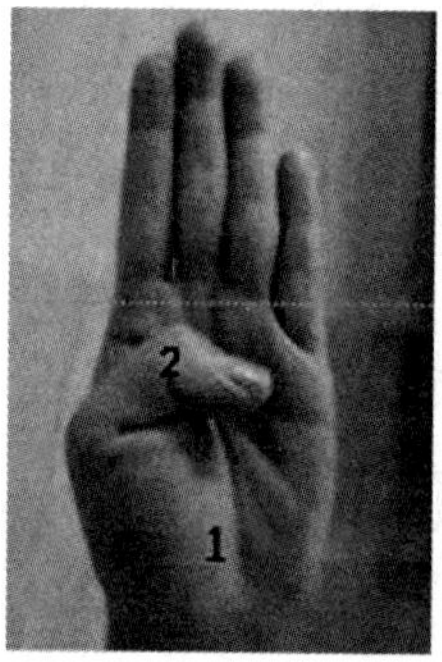

1. 脑干（掌心和手腕）
生命机能（呼吸和心跳等）

2. 中脑（大拇指）
储存情感和记忆

1+2= 动物脑

那么其他四个手指甲盖握住大拇指前沿的那个部分就是理智脑了。

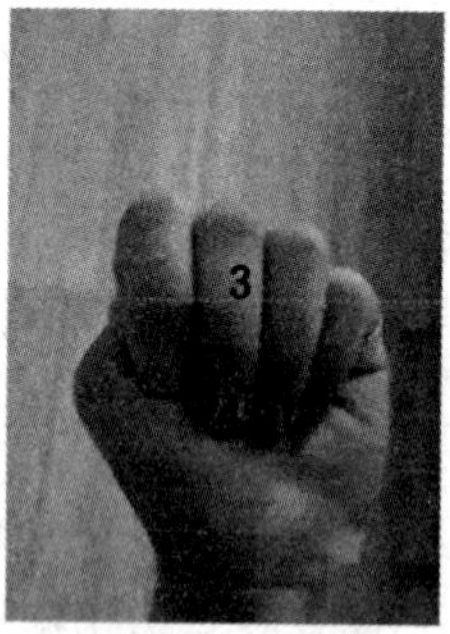

3. 大脑皮层（拳头表面）

4. 前额叶皮质（四个指甲盖）
是理智脑

当我们愤怒的时候，“大脑盖子”打开，即刚才的拳头那四个手指的部分打开了，原来被握住的大拇指露了出来，也就是理智脑不再工作，动物脑接班了。动物脑工作的时候，它会调动全身的力量。

（三）为何家会伤人？

人生气的时候会面红耳赤，动物脑会根据本能和直觉发出两种指令，就像动物一样要么攻击，要么逃离，这是人类祖先在自然竞争中生存下来形成的一种自我保护的本能。

当我们的原始祖先碰到一只兔子时，会选择攻击，因为对方弱小。如果碰到一只老虎，就会选择逃离。

所以我们在生气愤怒时，很容易对孩子又吼又叫，又打又骂，把情绪垃圾往孩子身上倒。

动物脑工作时，你会选择攻击而不是逃离，因为孩子弱小，因为家里安全啊。这就是为什么你在外面脾气还好，回到家就容易发火，尤其是面对孩子。这也是为什么我们总把脾气最糟糕的一面呈现给自己最亲的人，这是我们的原始祖先遗留下来的动物脑的习惯行为方式。

每天都可能有各种各样的事情让我们情绪失控，比如孩子拖拉磨蹭，孩子发脾气，孩子不做作业，等等。据说带孩子是世界上最容易引发怒火的事情，那我们可以怎么做呢？学习了解了掌中大脑的相关知识，并不能让我们的“大脑盖子”从此再也不打开，而是帮助我们有意识地觉察到自己的盖子开了，知道自己在那个当下被动物脑主导，其实觉察到这一点，对我们的帮助就会特别大，因为只有觉察到自己的“大脑盖子”打开了，才会有意识的在处理事情之前先想办法把“大脑盖子”合上。

有一次，我在一个旅游区看到一个妈妈开车往前走，孩子就扒着车门，在后面不断地喊妈妈。妈妈一边说：“我不要你了，你就留在这里吧。”一边做要往前开车的动作。这让孩子感觉极度恐惧。妈妈的话就像一把无形的匕首刺向了孩子的心窝，这种创伤对孩子是有可能造成一辈子影响的，孩子一辈子都觉得不安全，觉得妈妈不爱他。

我在想这个妈妈的“大脑盖子”当时一定是全打开了，动物脑让她攻击孩子，等到她的“大脑盖子”合上的时候，理智脑回来了，她一定会后悔自己说了这么多伤害孩子的话。很多人的亲子关系就是这样一次又一次毁掉的，如果这个妈妈知道一些掌中大脑的理论，她当时能觉察到自己被动物脑主导了，需要想办法把“大脑盖子”先合上，孩子就可以少受很多伤害。合上“大脑盖子”，其实方法有很多。最简单的方法就是深呼吸，给自己一个积极暂停。暂时什么都不做，等情绪平静了，理智脑回来了再去解决问题。这样问题解决的可能性才更高，最重要的是先处理情绪再处理事情，这样就不至于把亲子关系毁了。你是经常用动物脑跟孩子互动，还是经常用理智脑跟孩子互动，最终决定了你的亲子关系，其实也是间接决定了孩子未来的人际关系。

（四）理智脑多少岁才发育完整

现在我们都知道，理智脑才能解决问题，那么大家猜一下我们的理智脑要多少岁才会发育完整呢？答案可能会吓你一跳。脑科学的研究揭示，理智脑大约要到25—30岁才能发育完全。这下家长们应该明白了，孩子刚生下来时，都是通过情绪来跟妈妈沟通的，饿了哭，尿了哭，难受了哭，因为只有用情绪来沟通，他才能生存下来啊。现在大家能理解了，为什么小孩子那么容易哭闹，而且一哭闹起来就停不下来，甚至为什么青少年那么容易冲动鲁莽，因为他们的“大脑盖子”的开关还没有发育完整。所以啊，不是孩子不想管理好自己的情绪，而是他的大脑还没有发育成熟。

我儿子3岁的时候，有一次他心爱的玩具被姐姐弄坏了，他发了非常大的脾气，我承诺再给他买一个都不行。那一次他哭闹了差不多半个小时，我试了一些方法跟他共情，但都没用，他还在哭。我索性就让他哭，只是在旁边一直陪着他，直到他慢慢地平复了自己的情绪。理智脑要25—30岁才发育成熟，他才3岁，哭闹是很正常的，所以我很理解并接纳他“大脑盖子”打开的状态，当孩子被允许发脾气的时候，随着年龄的成长，他反而对情绪越来越有自控力。

二、落地的工具

当孩子发脾气或者不听话时，我们可以用一些什么样的方法来帮助孩子呢?

（一）积极暂停角

和孩子建立一个积极暂停角，告诉孩子，生气是很正常的情绪，我们需要建设一个积极暂停角，帮助我们冷静下来。和孩子一起设计装饰这个积极暂停角，它可以是一个舒服的角落，一个窗台或者一顶小帐篷，让孩子选择一些他认为可以帮他冷静下来的摆件，比如毛绒玩具、书、毛毛被等。鼓励孩子给这个用来冷静的小空间起个名字，比如叫“冷静太空”“爱心小窝”“心情驿站”等。还要和孩子约定，有情绪的时候就先到这里来冷静。一旦进入积极暂停角，其他的家人无权打扰他。家长最好以身作则，生气的时候自己就到积极暂停角，自己给孩子做个示范。

（二）开心选择轮

和孩子一起做一个开心选择轮，这个选择轮就像抽奖的转盘。

告诉孩子发脾气可以，但是必须符合三个不伤害的原则，即不伤害自己、不伤害他人、不伤害环境。然后和孩子头脑风暴哪些处理愤怒的方法是符合这三个不伤害的原则的。比如深呼吸5次、对着阳台大喊大叫、吃冰激凌、画画、去冷静角待一会儿、打打枕头、角色互换等。角色互换是指角色扮演，可以让孩子扮演发脾气的妈妈，妈妈扮演孩子。妈妈和孩子拿一个纸板，把纸板分成6—8个小格子，每一个格子上写一种冷静的方法，然后让孩子来转，跟孩子约定生气的时候就可以转这个转盘，转到哪个方法就用哪个方法来冷静。在孩子生气的时候跟孩子玩这个游戏，孩子的注意力一下就转移到游戏上来了，很快就会平复情绪。

（三）掌中大脑

家长可以教孩子掌中大脑的相关知识，帮助孩子对情绪有更多的认知，也可以和孩子约定一个手势，用手掌一张一合来提醒对方“大脑盖子”打开了。

有时候我声音大一点，我女儿就会对我说：“妈妈，你的‘大脑盖子’打开了，你去冷静一下。”我马上就意识到自己处在情绪中，这时我会去冷静一下再跟她说话，如果她觉得我的情绪平复得不够，就会对我说：“妈妈，你冷静得不够，再去冷静一下。”这时我就再去冷静一下。

下次我面对孩子生气的时候，我也会用手掌一张一合来提醒她：你的“大脑盖子”打开了哦。这时她也会觉察到自己处在情绪中，会自己先冷静一下。

以上这些情绪处理的训练对孩子成年后的待人处事都是非常有帮助的。

（四）倾听

倾听是一种很重要的能力，但很多人没有经过训练，因此会有倾听障碍。

我们举一个生活中常见的例子。假如有一天孩子放学回家见到你的时候，情绪非常不好，因为那天他最喜欢的笔被其他同学弄坏了，他很生气。通常情况下你会怎么做呢？

很多父母会先了解发生了什么事，之后如果孩子还是哭丧着脸，家长经常会说：

（1）这有什么大不了的，就这么点小事儿，你至于气成这样吗？太小气了吧。（嘲讽）

（2）就这点事脸就哭丧成这样，像家里死了人一样，难看死了。（批评、讽刺）

（3）你哭丧着脸没有用，我们应该想想怎么去解决问题。（讲道理）

（4）磨叽啥，赶紧写作业去。（命令）

（5）再这样婆婆妈妈，我可要生气了。（警告）

（6）事情已经发生了，就让它过去吧。（劝告）

（7）你怎么不直接告诉老师？（建议）

以上这七种回应方式我们家长经常用，但其实这七种方式都是倾听的绊脚石。为什么说是绊脚石？这些回应要么是批评嘲讽，打击自信；要么就是将你的解决方案传达给了孩子。这些都不是倾听。这个时候孩子通常会很不服气，不愿意听你说这些话，或者干脆就不理你，自己回房间了。最终这个问题不但没有得到解决，还惹得家长自己很生气。

为什么会这样呢？我们这些回应孩子的方式是在表达什么，孩子接收到的信息是什么，我们来思考一下：

（1）有这样的不好的情绪是不应该的。

（2）孩子讨厌别人告诉他怎样才是对的。

（3）我不信任你自己选择的解决方案。

（4）你做的事我无法接受，你直接按我说的做就行了。

孩子没有被接纳、被认同的感受，沟通的效果当然不好。

要用心倾听，不要用到上面提到的绊脚石。家长可以先让孩子感受到接纳，这样孩子的情绪会稍微平和一些，之后再邀请孩子先说说发生了什么，孩子会更愿意开口。听完孩子的描述后，我们用以下句式马上回应。

妈妈：妈妈注意到你今天有点沮丧，是在学校发生了什么事情吗？（说出孩子的感受）

孩子：是的，今天很倒霉，我最心爱的笔被同学弄坏了，今天我就不该拿给他用。（孩子表达他的感受和观点）

妈妈：你对今天把笔给你同学用有点后悔了。（同理孩子的感受）

孩子：岂止有点后悔，是特别后悔，哼，他真是太过分了。（孩子继续表达他的感受）

妈妈：这件事真的让你很生气！（再次同理孩子的感受）

孩子：哎，妈妈，真希望我从未掏出我这只最心爱的笔。（孩子继续表达他的观点）

妈妈：就是呀！（认同孩子，不掺杂自己的想法。）

孩子：算了算了，下次我一定会非常小心的。（孩子开始自己积累经验）

妈妈：嗯。（继续认同孩子，不掺杂自己的想法。）

孩子：今年生日可以再买一支作为生日礼物吗？我只要一支一模一样的笔。（孩子提出解决方案）

妈妈：当然可以啦！（父母衡量可以接受孩子的方案）

孩子：谢谢妈妈，你最懂我啦！（孩子很开心妈妈能接受他的解决方案）

妈妈：必须的，谁让你这样聪明又如此有办法呢。（妈妈表达对孩子的爱，同时不忘赞美孩子。）

当孩子感到自己的感受和情绪被父母理解时，你会发现孩子的火气越来越小，很快火就灭了。

孩子也许再也不会纠结此事，也许根本不想赶紧买个新的，也可能好像什么事也没发生。倾听多了，你会发现你的孩子和之前你认为的孩子有很大的不同，这就是倾听的魅力。

不掺杂自己的评判和想法去倾听，如行云流水般去陪伴孩子，允许他有各种情绪，接纳他的各种反应，把解决问题的权利交还给孩子。

倾听就像给情绪的洪水泄洪，洪水泄掉，情绪流走自然就没问题了。情绪流走后，孩子才会回归理性，从动物脑回归到理性脑，开始真正思考如何才能更好地解决问题。所以大一点的孩子很快能自己找到解决问题的方案。

孩子会越来越容易找到快速解决问题的办法，成为情绪管理的高手。

（五）抱抱法

拥抱有神奇的作用，通过身体的连接可以跟孩子建立情感连接，帮助孩子平复下来。孩子很生气时，可能不愿意抱家长，甚至会推开家长。这时家长也可以请求孩子给自己一个拥抱，告诉他：你生气妈妈也很难过，妈妈需要你的一个拥抱，你什么时候好一点，抱抱妈妈好吗？我等你。只要孩子愿意和你拥抱了，情绪和关系就更容易修复了，抱抱法也可以很简单，记住这三句话就可以了。

第一句：妈妈想抱抱你，可以吗？

如果孩子不愿意，就说第二句：妈妈需要你的拥抱，这样会让妈妈感觉好一点，可以吗？

孩子依然不愿意抱，那就可以说第三句：等你准备好了我们再拥抱，妈妈等你。

（六）共情黄金句式

共情黄金句式好用到超出你的想象，在我的线下课堂和线上智慧父母训练营中，有家长反馈，把这个句式写在笔记本上，作为手机壁纸，每次跟孩子说话前，就跟孩子说：等等，妈妈看看波波校长是怎么教我说话的啊。然后打开手机，照着这个句式，生搬硬套都有效。

句式很简单：

你句式，共情的黄金句式

你感到__________________，（感觉词汇）

是因为__________________，（对方相信的原因）

你希望__________________。（对方的愿望）

第一句：你感到什么情绪，把情绪表达出来。

第二句：是因为什么原因，把引起情绪的原因说出来。

第三句：你希望怎么解决，把对方的心理需求说出来。

比如我儿子在跟姐姐抢零食，我走过去跟儿子说："宝贝，你感到很生气，很愤怒，是因为姐姐买的零食不给你吃，你希望妈妈跟姐姐沟通一下，分一半给你，对吗？"

我这样一说，儿子立马觉得妈妈好懂我啊，情绪一下就卸下来了，就不会再哭闹了，而是关注解决问题的方案。

还有一个共情的黄金句式：假如我是你。

比如孩子在商场里看见一个奥特曼玩具，他说："妈妈，我想买这个新款的奥特曼玩具。"

没有学过的家长，本能地会说什么呢？

可能会说教："家里的玩具都堆成山了，每次你都不收拾，奥特曼玩具家里都有三个了，不买。"

孩子继续说："不一样的，这个是最新款的，跟家里那三个不一样，我想买。"

这时你继续说教："不是说好了，今天出来不买玩具吗？你妈没带钱。"

这时孩子开始了复读机模式：我不管，我就要，我就要，我就要……

这个时候，你说三句话，就能解决这个问题。

第一句：宝贝，你想买这款最新款的奥特曼玩具，因为它跟家里那三个不一样，你想买它对吗？

孩子一定会点头，觉得他的需求被你看见了，情绪下来一半了。

这时接着说第二句话：假如我是你，我看到这么好的，这么新款的奥特曼玩具，我也想买。

这一句说完，孩子的情绪一大半都没有了。

第三句做到和善而坚定，温柔而有边界。

这个时候如果孩子还继续闹，家长一定不能妥协。

如果你妥协了，孩子是得到正向反馈了，一定会继续用哭和闹的方法，因为他知道哭和闹是有用的，下次他会哭得更狠，闹得更狠，所以这个时候要做到和善而坚定，温柔而有边界。

这时说第三句话：妈妈很爱你，但是不能答应你。

我家儿子三岁多的时候，有一次感冒了，他看到冰激凌，很想吃，就跟我说："妈妈，我要吃冰激凌。"

这时我把他抱在怀里，我说："宝贝呀，妈妈很爱你，但是不能答应你。"

孩子立马知道人和事分开了，无论怎么样，不管他变成什么样，妈妈都爱他，但是吃冰激凌这件事情是不可以的，所以他不会带情绪。

然后我继续跟他说："宝贝啊，你流鼻涕了，吃冰激凌会让感冒加重，等你感冒好了不流鼻涕了，妈妈再带你过来买冰激凌好吗？"

这个时候孩子会很开心地接受你的建议，他不会哭闹。

以上这6个工具是我在12年的家庭教育中，家长反馈最好的、最有效的工具，只要你去用，就一定有效。

三、真实的案例

（一）我家8岁女儿咆哮：爸爸叫我滚

再给大家分享一个我的案例。你会发现有时候不断倾听，引导孩子把情绪想象成一个具体的物体，然后用想象转化一下，可以很快处理孩子的愤怒情绪。处理完情绪后，可以加以引导，协助孩子找到解决方案。

那天我在办公室加班，晚上给女儿打了个电话，一听声音我就发现她不对。我问她今天过得怎么样，她说不开心，我都能感觉到她一定发生了什么事。后来我才得知，爸爸因为孩子把矿泉水倒进米饭里，坚持要吃水泡饭，而批评了她，所以孩子不开心了。

女儿继续说："爸爸叫我滚，我感觉他都不想要我了，我感觉他可能觉得我有点多余了，有弟弟就够了。"听到这一句我赶快调整到倾听模式同理孩子的感受："嗯，你很难过。"

孩子说："我很生气，我觉得有一股气堵都堵不住了。"

我说："嗯，你很生气，那你现在想做点什么让自己感觉好一点呢。"

孩子说："我想去跟他顶嘴。"

我说："你很生气，所以你想跟爸爸顶嘴。"

孩子说："还是算了，我知道我说不过他，但我还是很生气。"

我说："你要先感觉一下你的那股气在你身体的哪个部位吗？"

孩子说："我感觉我全身都是，而且都是黑色的。"

我说："那看起来需要一个超级武器，你知道有一种武器叫作干冰灭火器吗？你能想象，一个干冰灭火器喷向火的情景吗？如果你想象到了，你就深呼吸五次，想象它帮助你灭火的情形。"这个时候我听到了电话另一端的吹气声。我说："现在再感觉一下你的那股气怎么样了，在你身体的哪个部位。"孩子说："还在全身，不过变稀薄了，而且变成白色了。"

听到这里，我知道孩子的情绪降下来了，之后我开始引导孩子寻找解决方案。

我说："好，现在想想我们可以做些什么来解决问题。"

孩子说："我不知道，我想到了我先去抱抱爸爸。"

这个答案来得有点快，毕竟她才8岁，我既惊讶又安慰，我知道这也得益于平时经常性的抱抱让孩子的情绪相对稳定，感觉到安全。10分钟之后我收到了爸爸的微信，父女俩和解了，他们准备一起收了碗筷外出买东西，这样快的和解让我特别安心。

（二）5岁的孩子无理取闹，如何三句话搞定

5岁的孩子：“妈妈，我想喝酸奶。”

妈妈：“家里正好没有了，吃点蛋糕吧。”

孩子：“不，我就要酸奶。”

妈妈：“不是和你说没有吗，你怎么这么不听话，赶紧吃，要不你就饿着。”

孩子：“我不要我不要，我去找奶奶。”

结局是奶奶带着孩子买了酸奶，孩子当着你的面一边吃酸奶一边向你示威。

你心里想：这孩子就是不听话，为难大人，没有酸奶换蛋糕还不行，老人家也太惯着孩子了。

这个问题的根本是什么？是我们大人忽略了孩子的感受。

孩子的感受和他们的行为有直接的关系，孩子有好的感受，就会有好的行为。

怎样让孩子感受好呢？那就是认同他们的感受，接受他们的感受！

当孩子的感受不断被否定时，孩子会感到困惑和愤怒，这也是在暗示孩子不用去了解自己的感受，不要相信自己的感受。

家长们也许会有疑问：孩子的感受是错的怎么办？家长不就是要教育孩子吗？这样还要不要立规矩了？我们要告诉大家，感受是没有对错之分的。每个人都有感受，包括孩子；每个人都需要大家去理解和尊重他的感受，包括孩子。孩子需要爸爸妈妈给予生存条件和安全感的“爱”，也需要来自尊重、关心、理解的“爱”！

你认为孩子的选择是错的，可是有时候孩子并不知道这么做是有问题的，他们还不理解你的逻辑。有时候他即使知道有问题，也因为你的态度而选择对抗。家长需要做的是如何让孩子能开心地听明白一个道理，并接受你的建议。

下面是处理孩子无理要求的建议。

孩子经常会提出一些看似无理的要求，我们建议按照以下三个步骤来处理。

首先，全神贯注倾听，用简单的词语回应他们的感受。

用“哦”“嗯”“这样啊”重复他们的话，回应他们的感受。如果能精准地说出孩子的感受就太好了。

其次，说出造成他们的感受的原因。说客观事实，不评判。

最后，说出孩子的心理需求，哪怕是用幻想的方式实现他们的愿望，而不是逻辑上的解释。比如“你希望能立刻变出一个生日蛋糕放在桌上”。

还用刚才那个案例，对应这三条建议，可以这样处理。

5岁的孩子：“妈妈，我想喝酸奶。”

妈妈：“宝贝想喝酸奶呀，家里好像没有了。”（妈妈应该蹲下，用温柔的眼神直视孩子。）

孩子：“不，我就要喝酸奶！”

妈妈：“宝贝看起来很不开心，因为家里没有酸奶了，你很失望？”

孩子：“嗯，我就是想喝酸奶。”（态度软化了）

妈妈：“嗯，你希望妈妈马上能给你变出一个像脸盆一样大的酸奶来，好多天都喝不完，拿大汤勺喝，酸酸甜甜真好喝呀！”（闭上眼睛，做享受状。）

孩子：“嗯，那样就太好了，对了，能不能让奶奶陪我去买酸奶？”（是商量而不是命令）

妈妈：“宝贝，现在是吃饭时间，奶奶也要吃饭，要买了酸奶回来你俩都饿坏了，这样好不好，妈妈这里有好吃的水果蛋糕，都是你喜欢的口味……”

孩子：“那就吃蛋糕吧。”

我们家长要理解，不管孩子所有的情绪是因为什么事情引发的，情绪都值得我们尊重。随着孩子渐渐长大，他们要求最多的就是公平与尊重，当他有了各种各样的想法，他最需要的是获得别人的接纳与肯定。我们一定要学会用这样的方法去帮助、支持孩子，慢慢地让他的情商变得越来越高，让他真正地成为一个能够管理自己情绪的人。

第四章

激发孩子的内驱力，让孩子学习像玩游戏一样上瘾

父母都希望自己的孩子主动学习，在孩子学习这件事上绞尽脑汁。每个行为背后都是有目的的，我们要真正读懂孩子的内心，激发孩子的内驱力，运用游戏的机制，让孩子自动自发爱上学习！

一、背后的原理

（一）巴甫洛夫的狗告诉我们，孩子不爱学习都是家长逼出来的

如果一个孩子学习有内驱力，他会自动自发地爱上学习，会很自律，根本不需要家长来管，他会由坚持学习变成沉迷学习。

为什么有的孩子不爱学习？

给大家讲一个心理学实验，大家就能理解了。

一只狗，你给他送骨头，它会流口水。这个是非条件反射，是本能，就好像你对孩子打骂吼，习惯性看到孩子的缺点，这些事不需要你学习，你天生就会。你对这只狗摇铃铛，它没有什么反应，无所谓流口水还是不流口水，这个跟它没关系，是个中性的刺激。

如果你每次给狗送骨头的同时摇铃铛，时间长了，即使没有骨头，只摇铃铛，它也流口水，这叫作条件反射。

怎么把这个实验原理运用到孩子写作业上呢？

孩子写作业时妈妈吼或者爸爸吼，时间长了，写作业和被家长吼就产生了联系。

某次写作业妈妈不在，这个孩子坐在桌前也会浑身难受、如坐针毡。他很想把作业写好，他也想学习成绩好，但是做不到。

他一坐在那儿，你吼他的那个糟糕的感觉就出来了，他会把写作业跟那个被你吼的很糟糕的体验锁在一起，这个时候潜意识里会有个信念形成：写作业是一件痛苦的事情。

这个时候即使没有妈妈在，孩子写作业的时候也会感觉注意力不集中，搞东搞西，一会儿喝水，一会儿出去走一走。

原因在于孩子潜意识里形成了一个信念：写作业是一件痛苦的事情。

更加可怕的是，心理学上有一个词叫“泛化”，也就是不仅写作业难受，所有跟学习相关的事孩子都感觉难受，上培训班难受，上网课难受，阅读难受，反正跟学习有关的都痛苦。家长在孩子的潜意识里种下了这么多的负面种子，孩子被家长逼的不爱学习了。

（二）为什么别人家的孩子那么爱学习

我们来看看一个爱学习的孩子，他的信念系统是如何形成的。

拿我举例，我从小爱学习，是因为我小时候是差点被遗弃的孩子。

我要求生存，用乖巧懂事、成绩好来博取父母的关注和爱。我发现一旦我成绩好，我就能够获得父母更多的关注，我就能够得到老师更多的关爱和同学更多的羡慕。我无意识中把学习和成就感、价值感锁在一起了。

在学习这件事上我的信念是什么呢？

学习是一件快乐的事，学习让我获得了无尽的价值感，让我获得了无尽的好处，学习对我来说，是最开心的事情。这叫内驱力，我潜意识里有源源不断的内驱力，形成了终身成长性思维。

（三）老鼠乐园的实验告诉我们，孩子终其一生追求的是什么

孩子终其一生追求的是什么？每个孩子，包括成年人，终其一生都在追求的是归属感和价值感。

但是往往在现实生活中孩子得不到这两样东西，孩子得到的多是负面评价，老师会指责他不爱学习、上课捣蛋，妈妈会指责他拖拉磨蹭、成绩不好、不主动、不上进、不积极等。在现实生活中得到了太多批评、指责甚至是辱骂，孩子就会去其他地方寻找归属感和价值感。在心理学上，所有成瘾性行为，都是一种回避，是回避现实生活。成瘾的原因，更多的是心理需求没被满足。

心理学家布鲁斯·亚历山大做过一个实验：把一群老鼠放进笼子里，并

放两瓶水在里面，一瓶是纯净水，另一瓶添加了少许海洛因或可卡因。实验发现，老鼠总是喜欢掺有毒品的水，而且总是死得特别快。后来他重新审视了这个实验，并注意到了实验中一些不合理的因素。他认为，把老鼠放在一个空笼子里，它们整天无所事事当然只能吸毒。为此亚历山大教授制作了另一个笼子，叫作“老鼠乐园”，是老鼠玩乐的天堂，它们有大量的芝士吃，也有各种颜色的鼠球可玩，还有无数条小隧道，最重要的是它们有很多朋友。亚历山大教授同样在“老鼠乐园”的笼子里提供纯净水和掺有毒品的水，令人讶异的是，在“老鼠乐园”中，它们不喜欢喝有毒的水，几乎从不饮用。

也许大家会认为，实验的对象是老鼠，和人类不一样。还有一个人类实验，遵守同一原则，发生在越南战争时期。

在越南战争期间，有20%的美国士兵使用大量海洛因，美国人因此非常担心：战争结束后，将有几十万吸毒者在美国的大街上游荡。当这些使用大量海洛因的士兵回家以后，有人做了一个详细的研究，想了解他们后来怎么样了。最后他们竟然没有去戒毒所，他们也没有染上毒瘾，95%的人直接停止了使用毒品。所以说成瘾性的行为，更多的是心理的需求没有得到满足。

孩子在网络电子游戏里感觉与其他人没有距离，能够找到供自己倾诉的对象，任意扮演自己喜欢的角色，游戏还给了孩子被专注、陪伴的感觉，并且游戏的奖励给了孩子极大的成就感……网络带给他们在现实生活中享受不到的快乐和满足，让他们得到自我肯定。所以，很多孩子不约而同地选择在网络这个平台上实现自身需要。孩子的大脑还没有完全发育成熟，各种能力还在发展，性格还没有定型，世界观、人生观、价值观等还没有成熟，所以往往对网络的依赖控制力较差，容易沉迷网络。

即使你把他的手机和电脑没收了，他也会去另外的地方寻找归属感跟价值感，因为他们渴望与他人进行心灵上的沟通和交流，渴望得到他人的理解与尊重。他可能去找一个小社团、一个小混混、一群跟他同频的人在一起，去寻找归属感和价值感。解决孩子沉迷网络的根本方式是在他的现实生活中建立归属感和价值感，家长要给予孩子足够的爱和关注。

（四）担心是诅咒，焦虑是毒药，这是真的吗

根据“期待效应”，担心和焦虑都是对孩子的负向期待。正向的期待对孩子才是好的。

现在大家知道了担心是毒药，但是你能够停止担心吗？

家长从幼儿园就开始担心，孩子上小学了怎么办？小学作业拖拉磨蹭，考不上好的中学、考不上好的大学、将来找不到工作、找不到老婆、嫁不出去、没人爱怎么办？

是不是从孩子出生开始你就在担心，你用错方法了，所以教养的孩子会出现问题。这就是“期待效应”，“期待效应”我们一定要正着用，但在现实生活中，我们往往是反着用的。

（五）为什么我们天生会焦虑

因为人类是习惯性担心和焦虑的，是习惯负面思维的。

前面讲过，从进化的角度来看，人类的负面思维其实非常合理。

这个世界永远是二八定律，80%的人都是习惯性负面思维，如果你没有经过训练，就没有办法成为那20%习惯性正面思维的人。如果你想要收获一个优秀的孩子，你就必须把自己从80%习惯性负面思维的人，刻意训练成20%正面思维的人。

（六）为什么游戏那么让人上瘾

第一，目标明确，期望与现实匹配。

游戏的目标分解得很细致。每个游戏都有一个整体的目标，分解到每一关都有一个小目标，打每一关时又可以细分到每一个动作。玩家每一步都很清楚目标是什么，怎么去打。

游戏的难度是经过精心设计的，太简单了玩的人会觉得无聊，太难了玩的人会因为挫败感不想玩。以赢为目的的游戏，难度的设计都是逐渐加大的，合适的难度一般是玩家稍微一努力就可以成功。

游戏的难度适中，让玩的人持续获得成就感。

第二，游戏的激励机制特别好，及时正面反馈，整个努力的过程都可视化。

游戏中的每一个动作都可以得到及时反馈，在很短的时间，孩子就知道自己是赢是输，过了一关又有很多金币或者各种设备奖励。这种成功体验是非常及时的，正面反馈也非常密集。孩子在玩的过程中获得了很强的成就感，他就会一直持续下去，在过程中感受到自己的进步和成就。

第三，游戏的社区化，社交性互动学习，让人有归属感。

让人上瘾的游戏一般都有一个很大的游戏社区，而且是联机游戏，玩家在里面可以讨论各种技巧、攻略，有非常强的社交属性。玩得好的人会被当成专家，能教导别人，特别有价值感，在这个社群里面特别有归属感。

游戏很容易让孩子在这个虚拟世界里找到归属感和价值感。我们之前讲过，每一个孩子最需要的就是归属感跟价值感。

二、落地的工具

（一）戒吼表

相信所有的家长现在都知道不能在孩子写作业的时候吼孩子了，但是很难做到。现在教大家第一个工具——戒吼表。

跟孩子约定：爸爸妈妈以后再也不在写作业、学习这件事上对你发脾气了，如果做不到，你可以随时指出来。这张表贴在家里，让孩子监督，每天打卡。

戒吼表

日期	月 日	月 日	月 日	月 日	月 日	月 日	月 日	月 日	月 日	月 日
打										
骂										
忍住情绪										
碎碎念										
恐吓										
惩罚										
摔门										
日期	月 日	月 日	月 日	月 日	月 日	月 日	月 日	月 日	月 日	月 日
打										
骂										
忍住情绪										
碎碎念										
恐吓										
惩罚										
摔门										
日期	月 日	月 日	月 日	月 日	月 日	月 日	月 日	月 日	月 日	月 日
打										
骂										
忍住情绪										
碎碎念										
恐吓										
惩罚										
摔门										

如果你没有办法打印上面这张图，你也可以用以下这种简单格式。

戒吼表												
日期	3/1	3/2	3/3	3/4	3/5	3/6	3/7	3/8	3/9	3/10	3/11	3/12
打	/	/	/	/	/							
骂	有	/	/	/	/							
吼	/	/	/	/	有							
忍住情绪	/	/	/	/	有							
碎碎念	有	/	/	有	有							
恐吓	/	/	/	有	/							
惩罚	/	/	/	/	/							
摔门	/	/	/	有	/							

（二）鼓励黄金句式

现在大家知道不能吼孩子了，但很容易进入另一个误区，以为好好说话就能教好孩子，一味地表扬孩子。

但事实上，表扬孩子容易教出“寻求认可上瘾”的孩子，这样的孩子内在没有力量。

所以要少表扬，多鼓励，在线下课堂上，我会现场演示，用情景剧的方式让家长切身体会到两者的差别。

以下介绍鼓励和表扬的差别。

对比项目	表扬	鼓励
指向	做事的人：你真是个乖孩子。	行为：做得好。
关注	关注结果：你做得很好。	关注过程：你真的很努力。你尽力了。你对成果感觉怎么样？
态度	摆架子/操纵性：我喜欢你的坐姿。	尊重的/欣赏的：谁可以给我们做个好坐姿示范？
	剥夺人的自我成就：你得了100分，我为你感到骄傲。	认可对方的成就感及责任感：你得了100分，说明你很辛勤努力。
孩子思维习惯	向外：别人会怎么想？	向内：我是怎么想的？
达到目的	遵从：你做得正确。	理解：得到了/学到了/感受到了什么？
导致	孩子为他人改变，寻求认可上瘾。	孩子为自己设立目标，为自己改变。
对自我价值感的影响	当得到认可时，觉得自己是有价值的。盲从权威，依赖于别人的评价。	觉得自己有价值，无须他人的认可。有独立思想，自主。
长期效果	依赖、依附他人、抗挫折能力差	自信、自立、坚强

现在我们理解了鼓励和表扬的区别：鼓励关注孩子的内在，表扬关注外在。从长期效果来看，表扬让孩子依赖别人，而鼓励让孩子充满自信。

那么具体我们可以怎么做呢？

之前教大家的四种鼓励黄金句式，这个工具是万能的，用在学习上效果很好。

一是启发式鼓励。

句式：你感觉怎么样？你是怎么做到的？

二是描述性鼓励：客观描述事实不作评价。

句式：我看到……我注意……

三是感谢型鼓励：发自内心的感谢，感谢孩子的付出和贡献。

句式：谢谢你。

四是授权型的鼓励。

句式：我相信你能，你是你自己的骄傲。

游戏就是及时鼓励做得特别好，我们把游戏中的及时鼓励拆解用在学习上，把孩子的进步和优点放大了看，孩子的缺点和错误缩小了看，这样孩子会有自信心，会有内驱力。

（三）孩子容易沉迷网络，如何应对

经常有家长来找我咨询，说孩子整天沉迷网络，除了玩手机其他什么都没兴趣，有的时候想带孩子一起去玩，孩子直接说："我不去了，你给我准备一箱方便面，给我一个手机就可以了，你们去吧。"家长这个时候心底感觉绝望啊，还有很多家长会把孩子送到专门戒网瘾的医院去做一些残忍的戒除，这对孩子来说是再一次的心灵创伤。还有的家长看到一群网瘾的孩子在一起，他说他感觉害怕了，这些孩子打游戏、喝酒抽烟、不去上学，最主要的是每个孩子都没有正确的价值观，无法无天。

也许你觉得这些事件中的孩子离你的生活还很遥远，也许你的孩子只是因为玩手机，最近成绩有点下滑。但是作为父母的我们，至少要思考一下沉迷电子游戏到底该怎么预防。

很多家长会用简单粗暴的方法解决手机问题，如断网、摔手机……

你不让孩子玩手机，你把他玩手机的欲望压到了潜意识里面，但欲望不会消失，一旦它被压抑了之后，会报复性反弹。新闻里有大一的新生在学校里白天看手机，晚上看手机，巴不得24小时看。

因为18岁之前，你不让他看，你限制他看，这不给，那不给，孩子心里有个巨大的坑洞，没得到满足。一旦他离开你了，一旦他手机自由了，他就会白天看、晚上看、24小时看，学习都不管了，考试不及格也不在乎。

所以欲望是不能被压抑的。当孩子喜欢看手机的时候，你要做的是借手机这件事培养孩子的自律性。不要摔他的手机，不要打他，不要骂他。

接下来的五句话分享给你。

一定要先解决孩子情绪的问题，否则直接协商使用手机的时间，根本不管用。你给了孩子那么多情绪垃圾，情绪垃圾就像洪水一样堵在那里，情绪只能疏，不能堵。堵多了之后，情绪就会像洪水一样，总有一天会崩溃，会决堤。

第一句话是：宝贝啊，妈妈知道你因为手机的问题，被妈妈骂，被爸爸打，还被摔了手机。妈妈知道你因为这件事情受了太多委屈，妈妈理解你。

你知道孩子多委屈吗？有一个沉迷手机的孩子来我这里，我说："宝贝，如果你真的喜欢玩游戏，真的喜欢玩手机，没关系，条条大路通罗马，不是只有高考一条路。如果你喜欢，你告诉波波老师，我支持你。"

你知道孩子跟我说了什么吗？

他说："波波老师，我看手机的时候也很焦虑，也很迷茫，我也觉得自己一无是处。但是我除了看手机，还能干什么呢？在现实生活中，我爸妈不是打我就是骂我，在学校老师不喜欢我，同学不喜欢我，成绩不好，我无处可逃，我还能去哪啊？我除了在游戏中能够得到片刻的安宁和欢愉之外，我能去哪里？"

这就是一个孩子真实的声音，他在手机这件事情上受了太多的委屈，他觉得自己一无是处、是个废物。

第二句话更重要，你跟他说：宝贝，手机设计出来就是给人看的，游戏设计出来就是让人玩的。你喜欢手机，爱玩游戏，这不是你的错。

孩子听到这句话就哭了，他一直觉得玩手机是自己的错，是自己的问题，他觉得自己真的太糟糕了，这个世界最好没有他。

不要用这种方式去伤害你的孩子，因为你每次跟孩子说的那些话，比如你不要这样、不要那样，你批评他、指责他、打骂他，你甚至拿孩子跟别人比较。你所有的这些批评、指责、否定，对孩子来说，就像在他心上扎刀子一样。

有的时候家长会说自己是刀子嘴豆腐心，说孩子是因为希望孩子好，但是错误的爱就是一种伤害。

你有没有跟孩子说过这些话：

你看我都说过多少回了，我叫你不要拖拉磨蹭，不要迟到。你听到没有？

你怎么这么蠢，你怎么这么笨？

都是因为你，我才没跟你爸分开。

都是因为你，妈妈才这么累。

我所有的一切都是为了你，你知道吗？

你再这样我就不要你了，你再这样我就把你送人了。

为什么别人能做到你就做不到？

别人家的孩子都是来还债的，你就是来讨债的。

我这辈子最后悔的事情就是生了你。

……

内在受伤的小孩就是这么形成的。

原生家庭的伤是一辈子的，这种看不见的伤更痛。

当你控制不了情绪的时候，所有的育儿技巧都是空谈。你的嘴就是孩子的风水，你的情绪隐藏着孩子的未来。

为什么那么多教育专家跟你讲手机的问题，你依然解决不了，为什么？

因为你控制不了情绪，你解决不了孩子心里的情绪垃圾问题。

你一上来就跟他说："宝贝，我们来约定一下手机如何看，每天看多久。"你做得到吗？你觉得你能解决孩子沉迷手机的问题吗？解决不了。

如果你真的想解决孩子沉迷手机的问题，想培养出一个优秀的孩子来，就要先做一个情绪稳定的父母。

记住首要的是情绪。把情绪问题解决了，再开始谈手机的问题。

第三句话：手机可以玩，让我们一起来商量一下手机怎么玩吧。

孩子一听可以玩，他立马就松弛下来了：我可以玩，我可以明目张胆地玩，我不用偷偷摸摸地玩，我不用哭着喊着去玩。

这个时候再用我教大家的万能沟通公式。

万能沟通公式的第一步是说感受。你说："宝贝啊，妈妈只是担心你看手机看久了伤眼睛，熬夜伤身体。妈妈担心你看完手机之后，没有时间学习了，成绩会受影响，我们来商量一下怎么让你看手机看个痛快，同时学习成绩又好吧。"

孩子也想成绩很好，也想玩手机玩个痛快，你提出这个要求，他一定愿意跟你协商。

这个时候假如孩子跟你说：“妈，我要看一个小时。”你大方一点，给他两个小时。

我知道你在想什么，给两个小时，那不沉迷了吗？你接着往下看。

关键点是什么？周一到周五不准玩，周六周日双倍玩。

不是所有的孩子都约定一样的时间，幼儿园的孩子可能 15 分钟就够了。家长要根据孩子的年龄来具体设置时间。

为什么周一到周五不准玩呢？为了减少孩子因为手机跟你发生冲突的次数。

周一到周五他不用想手机的问题，不用想：今天我妈开心吗？好像她今天事情比较多，磨一磨她就给我看手机了。孩子不会把心思花在这件事情上。周一到周五不准他玩，周六周日双倍玩，让他玩个痛快。

这个时候我知道你又开始有问题了，你期待你的孩子答应你之后就能做到吗？

做不到是正常的，做到了才不正常。为什么？

一个孩子的前额叶皮质大脑要到25岁才能发育成熟，你期待一个大脑没发育成熟的孩子能说一不二、说到做到吗？不太现实。

所以接下来最重要的是什么？

第四句话：跟进与执行。

什么叫跟进与执行？

你知道多少家长说：我跟进了，我执行了，我让他签字画押了，你看保证书都写了，手印都给盖上了。那有用吗？跟进与执行是要你花时间训练孩子的。

假设约定时间两个小时，提前五分钟，你就提醒他，给他打预防针，给他做心理建设。

“宝贝，还有五分钟时间就到了。”

两个小时闹钟一响，你就问他：“宝贝，你是自己关还是妈妈关？”

这叫有限选择。

不管最后是谁关了手机，你都要及时鼓励他。

第五句话：及时鼓励。

“宝贝，谢谢你遵守我们的约定，你真是一个自律的孩子，多少成年人、大孩子都放不下手机，你能放下来，你真是个自律的孩子，你将来大有出息。”

孩子被鼓励之后，就会有信心。你种的种子叫自律的种子。

有时候孩子会说：“妈，我这局还没打完，你再给我看 5 分钟。妈，这一局我还没玩够，再给我 10 分钟。”

给5—10分钟，这个时候核心点是什么？守着他，守着他，守着他。有个人在旁边监督他，但是没有让他感觉难受，不批评、不评判。5—10 分钟到了，你再问一句，很温柔地问一句：“宝贝，你是自己关还是妈妈关？”孩子一定会关。

关完了之后，及时鼓励他：“谢谢你遵守我们的约定，你真是一个自律的孩子，这 5—10 分钟从明天的时间扣出来。”他不会占你小便宜。

手机的问题真的很难，解决手机问题的四个步骤我再梳理一下。

第一个步骤：改善亲子关系。

解决手机问题的核心点是什么？是改善亲子关系。亲子关系高于亲子教育。

没有关系的教育叫自取其辱，没有关系的教育叫对牛弹琴，没有关系的教育叫白费力气。

有一个 16 岁男孩的妈妈来找我，说儿子在家族群里面发公告：我跟我妈断绝母子关系。

我问到底发生了什么，她说：“我摔了我儿子13个手机。”青春期的孩子，家长敢这样对他，孩子还活着家长就庆幸吧。

这是个单亲妈妈，她很早就跟孩子的爸爸分开了，自己含辛茹苦把孩子拉扯大，现在孩子要跟她断绝母子关系，她非常伤心。

我建议她：如果你和孩子处于关系破裂的状态，你说什么他都不听了。你不要考虑什么手机的问题，不要考虑学习的问题。你还没到那一步，你先解决关系的问题。

先有关系再谈教育。

第二个步骤：发现孩子的兴趣爱好。

关系改善好了之后，去发现孩子的兴趣爱好。孩子喜欢打篮球，就带他打篮球；孩子喜欢游泳，就带他去游泳；孩子喜欢博物馆，就带他去参观博物馆。

我家孩子喜欢做饭，我让她做。厨房被搞得乱七八糟，教教她，她就会整理好厨房。现在我的孩子饭做得可好了。

你知道游戏为什么迷人吗？游戏就是满足了孩子的归属感和价值感两种需求。

在现实生活中，如果你找到一件事情，能满足你的孩子的归属感跟价值感，他还用得着去玩游戏吗？

游戏中再好玩都是虚拟的，在现实生活中他有更直观的体验。

所以，培养孩子新的兴趣爱好很重要。

第三个步骤：协商手机时间。上面已经讲过具体的话术了。

第四个步骤：用心陪伴孩子。

要多陪伴孩子。如果你做着家务陪孩子，拿着手机陪孩子，带着情绪陪孩子，这通通叫无效陪伴。

还有一类在职的妈妈，又要上班，又要带娃，还有老人要赡养，没有很多时间陪孩子。这种妈妈可以用高质量的陪伴弥补数量上的缺失。

什么叫高质量陪伴？你以为陪着他就行？那叫陪着，不叫陪伴。高质量陪伴满足两个要求。

第一个要求是做孩子喜欢做的事情，而不是你想让他做的事情。多少家长跟我说，周末都陪孩子了，陪孩子上英语班、舞蹈班、画画班……那是你想要做的事情，不是他想要做的事情，属于无效陪伴。

第二个要求是制造孩子的黄金记忆点，让他开心快乐。

人终其一生，只能记住两种事情，开心快乐的和伤心难过的。家长打骂他，批评他，指责他，全都是制造了他的情绪坑洞。

做孩子喜欢做的事，制造黄金记忆点，满足这两点就是高质量陪伴。

我举个例子，你就能明白什么叫高质量陪伴。

有个孩子问爸爸："爸爸，地铁是什么？"

爸爸可能回答："地铁你不都坐过吗？你问这个干什么？作业写了吗？赶紧写作业去，别问这些没用的。"

亲子关系的头号杀手是什么？就是这句"作业写了吗"。

如果你是孩子，遇到这种爸爸，你就能理解孩子为什么越大越不跟你说话了，因为跟你说话没劲。

同样的问题，有的爸爸可能回答："宝贝，你想了解地铁是什么对吗？来，这个周六下午两点到三点，爸爸带你去坐地铁。"

这叫特殊时光，特殊时光是跟孩子约定一个固定的时间，比如周六下午有一个小时，雷打不动陪孩子玩。

这样孩子心里就有安全感：这段时间是我爸陪我的，这段时间是我妈陪我的，这段时间能做我喜欢做的事情。孩子会非常有安全感。

这个时间如果你有事，要提前跟孩子请假，并且事后一定要补上。

比如坐地铁这个问题，可以在周六下午的特殊时光带孩子去坐地铁，从始发站坐到终点站，从终点站坐到始发站，一直坐个够。让孩子去看地铁是怎么运行的，人是怎么进进出出的，闸机口是怎么开的，回来之后跟孩子一起查资料，把地铁的前世今生都查清楚。哪一年开始有地铁的，在哪个国家开始有的，地铁哪一年进入中国的，现在已经发展到哪个阶段了，地铁到底是怎么运行的……

这样不仅是陪孩子做了他喜欢做的事情，更重要的是借这个机会培养了孩子的逻辑思维能力，这叫作高质量陪伴。

各位家长朋友们，看到这里，你现在应该能理解那句话：孩子跟孩子之间的差别，是父母跟父母之间的差别。

有的家长可能周末连一个小时的空闲时间都没有，如果一个小时没有，两分钟总有吧。两分钟同样能制造孩子的黄金记忆点，在孩子来找你的那两分钟的时间，达到高质量陪伴的效果。

孩子来找你就两件事情，要么开心喜悦，要么伤心难过。

举两个例子，一个是考 98 分，一个是考 59 分。

先来讲孩子考 98 分回来了。

孩子兴高采烈地来了："妈，我英语考了 98 分。"

有的家长会回答："宝贝，你考98分，那2分去哪了？你们班有多少人考 100 分呢？"

孩子满腔热情地告诉家长成绩，期待家长认同他、欣赏他、赞美他。结果这句话就像一瓢冷水浇下去。

孩子内心的独白是：无论我怎么做，我妈都盯着我做得不好的地方，无论我怎么做，都得不到我妈的认可。我放弃了，没意思。

家长打压了他的积极性。

还有一种家长很忙，拿着手机，好多事情要处理。孩子说：“妈，我英语考了 98 分。”

家长敷衍地说了句：“宝贝考了 98 分，不错。”

孩子内心多失望，会觉得自己考得好又怎么样呢？考了100分又怎么样呢？妈妈还是这种态度。

孩子一辈子期待得到的是父母的认可，原生家庭是孩子的根。

我教家长们用两分钟，高质量陪伴孩子。

孩子回来了：“妈，我英语考了 98 分。”

家长可以这样回答：“宝贝，你英语考了 98 分了，太赞了。等我一下，等我两秒钟时间，我把信息处理一下，马上来。”

处理完信息后，用心倾听孩子。

什么叫用心倾听？用心倾听的核心是什么呢？核心是家长的视线跟孩子的齐平，平等尊重孩子。不要拿着手机陪孩子，不要一边做家务一边陪孩子。

一边做家务一边陪孩子叫无效陪伴。拿着手机陪孩子叫无效陪伴。什么是用心倾听？全身心在孩子身上，眼神跟他平视，身体倾向于他，这叫用心倾听。

接下来我教大家两句话。第一句：宝贝，你感觉怎么样？

孩子这个时候需要的是跟你分享。

这个时候孩子会说：“妈妈，我实在是太有成就感了。我通过一个学期的努力，英语终于从 80 分考到了 98 分。”孩子期待你去强化他这种好的感受，下一次他会重复同样的行为。

第一句话是强化他好的感受。

第二句话，叫启发式提问：宝贝，你是怎么做到的？

他会说：“妈妈，你教我的思维导图，我真的用了。以前我觉得好麻烦，我现在觉得它真好用，瞬间一张图所有的内容一目了然。你教我的错题本，我以前也不用，我现在用完了之后，同样的一道题不再错。还有你教我的遗忘曲线，每天晚上花 5—10 分钟回忆一下当天的内容，我真的做到了，真的有 5—10 倍的效果。还有你教我用预习的方法，让我吸收得更好。我还发现我在考试的时候，难的题目我空起来，然后我先把容易的做完再来做难的。我认真检查，这所有的方法都在帮助我……”

这几句话从孩子嘴巴里说出来，比从你嘴巴里说出来强千倍万倍。

不了解这些理论的家长可能会对孩子说：“我说过多少回了，我教你用错题本，错题本，同样一道题不要错第二次，你听到没有？耳边风吗？我教你思维导图这么好用的方法，你妈当年是学霸，你就不学一下吗？一点基因都没遗传，我叫你复习、预习你都没听到，耳边风是不是？活该你考那么差！”

对比一下，你看见这两者之间的差别了吗？真正智慧的父母，善于用这句话引发孩子的思考，让这句话从孩子嘴巴里说出来。

还有孩子考 59 分的时候，有的家长会骂他：“59分？你还好意思回来，天天看手机，活该你考那么点分。最好的学区房、最好的培训班给你，你对得起我吗？你妈为了你都辞职了，你考这么点分，你爸数学系教授，你数学考 59 分回来，你让你爸还有脸出门吗？”

孩子已经很伤心很难过了。通过一个学期的努力，他的数学都没有考过 60 分。这个时候他需要的是安慰，需要的是理解，需要的是鼓励。

家长此时在他伤口上撒盐，家长自己是痛快了，但这是往孩子心上捅刀子。

正确的做法是家长要关注孩子的情绪。孩子回来了之后情绪很低落，家长问他：“宝贝，今天怎么了？你好像不开心，发生什么事了？”

孩子回答：“妈，我今天考了 59 分，我数学考了 59 分。”

这个时候孩子需要的是理解，需要的是舒缓他的情绪。

这个时候家长把孩子抱过来，抱在怀里，跟他说：“妈妈理解你，通过一个学期的努力，你数学还是没有考过 60 分，你感觉很伤心、很难过、很沮丧，对吗？妈妈理解你。如果你感到难过，就到妈妈这里趴一会儿，妈妈陪着你。”

家庭教育的本质是爱。当孩子伤心难过、跌入低谷的时候，需要的是家长的鼓励，不是家长的责骂。

当家长说完这些话之后，孩子情绪舒缓了，家长再跟他说：“宝贝，一次考试不代表什么，我们不跟别人比，永远跟自己比。你 59 分已经比之前的 55 分有进步了。每天进步一点点，妈妈相信有一天你会考出自己想要的成绩的。无论你考得怎么样，不管你成绩好不好，无论在哪里，妈妈都爱你。”

现在讲写作业的八步法。

很多家长说，孩子学习没动力，写作业天天催，天天吼，都没有用。我现在教大家写作业的八步法，让孩子写作业像呼吸一样简单。

先来了解为什么有的孩子爱学习，有的孩子不爱学习。我从心理学的角度给大家分析。

如果家长能读懂孩子行为背后的密码，就能轻而易举地让孩子爱上学习。各位家长朋友，想想你喜欢什么。

有人会说，我喜欢音乐，我喜欢旅游，我喜欢一个人独处，我喜欢看书，我喜欢研究心理学……

喜欢一件事，是因为这件事情给自己带来了开心和愉悦，这件事情带给自己成就感跟价值感。

我们再来想想自己讨厌什么。有家长说不喜欢运动，不喜欢做家务，不喜欢嘈杂的地方，不喜欢去人多的地方，不喜欢无效社交……

你不喜欢一件事情，是因为这件事情让你痛苦，让你难过，让你没有成就感、价值感。

大脑的特点是追求快乐，逃离痛苦。一件事情让你快乐，你就会重复做；一件事情让你痛苦，你就会逃离。

了解了这一点，我们再来看为什么有的孩子爱学习，有的孩子不爱学习。

一个学霸，他为什么爱学习？我就是一个学霸，因为在学习这件事情上，我获得了无尽的价值感和成就感。从小我是被忽略的那个孩子，在不受待见的环境中长大。我会先求生存再求发展。我不断地讨好我的父母，博取我父母的关注和爱。

我从小乖巧懂事，我发现一旦我成绩好，我爸妈就会多看我两眼，老师就会喜欢我，同学也会喜欢我，在学习这件事情上，我获得了无尽的成就感和价值感。我心里种下了一粒种子：学习是一件快乐的事情，学习是一件有成就感的事情。这个种子种在我心底，使我终身爱学习。

让孩子把学习变成享受，家长还用担心他学习的问题吗？这就是行为背后的密码。

家长角色互换一下，想一想，自己陪孩子写作业的时候，有没有这样骂过他：

你看看你的字写得跟鸡爪、甲骨文一样，我都说过多少回了，我说过多少回了？你听到没有？

错题本，一道题错三遍。

……

家长在孩子写作业、学习这件事情上带给孩子太多痛苦的体验。人是追求快乐、逃离痛苦的，一件事情痛苦，他怎么可能爱上这件事，他怎么可能沉迷这件事呢？

家庭教育的核心是什么？就是错误的事情停止做，正确的事情重复做。

如何让孩子写作业像呼吸一样简单？接下来的写作业八步法，如果家长学会了，孩子写作业就会像呼吸一样简单。

第一步：让他开心。

孩子在学习这件事上有好的体验，才能重复，才能爱上学习。

孩子一回家，家长跟他说："宝贝，你今天在学校感觉怎么样啊？老师有没有批评你？同学有没有欺负你？"

家长有没有像上面这么说过？家长教育孩子只有两个目的，要么引发孩子的思考，要么鼓励到他，否则请闭嘴。家长可能心里在想：我是引发他思考了呀。但是家长引发他思考的方向是错的。家长问老师有没有批评他、同学有没有欺负他，导致他关注的都是学校不好的地方，他会觉得学校不好，后面就不想上学了。

正确的说法是下面三句话。

第一句：宝贝，你今天在学校一定很开心。

孩了会思考：我开心吗？老师又表扬我了，同学跟我玩得又好，我成绩又进步了。孩子会关注好的地方，就愿意上学。

第二句：宝贝，你今天在学校一定收获满满。

孩子会想：我今天数学学了什么，英语学了什么，语文学了什么，我上了一天学，虽然很辛苦，但是我很有收获，很有成就感。

第三句：你今天在学校一定交到了新朋友。

孩子的社交无比重要，如果他在学校人际关系好，他就爱上学。

大家不要小看这三句话，这三句话包含了孩子的三个方面。第一个是孩子的状态，第二个是孩子的收获，第三个是孩子的社交。这三个板块是好的，孩子就爱上学。

接下来讲第二步：调整放松。

很多家长看到孩子回家就问：宝贝今天作业多不多呀，赶紧写作业吧。巴不得孩子一回来就坐在书桌前写作业。

亲爱的家长朋友们，角色互换一下，体会一下孩子的感受。

你今天上了一天班，回来好累了，你想歇会儿，这时你老公过来了：饭做了没有？地拖了没有？孩子作业辅导了没有？你坐在那里干什么？

此时，你会有什么感受？你的感受就是孩子的感受。你心里在想：我都累了一天了，你就不能体谅一下我，让我休息一会儿吗？

你的孩子就是这种感觉，孩子在学校已经像皮筋一样绷了一天了，他需要放松一下。

接下来我教家长们具体的话术，孩子回来跟他说：宝贝，你今天上了一天学，赶紧休息一下。妈妈给你买了你最喜欢吃的糕点，赶紧来吃。

这个时候孩子会觉得：妈妈真的好懂我呀，妈妈真的太体谅人了，妈妈知道我最喜欢吃什么，都给我买了，妈妈好爱我呀。

调整放松完了，你让孩子休息 5—10 分钟，喝口水，现在开始进入正题了。进入正题之前一定要“及时复习”。

第三步：及时复习。

及时复习很重要。家长朋友们还容易犯一个错，就是说教。

有的家长跟孩子说：宝贝你要复习，复习完了之后你才能吸收好，学习效率才会高。

不要说教，不要唠叨。

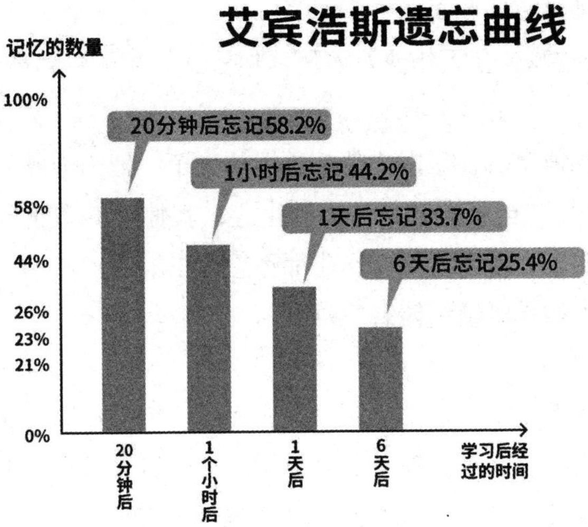

根据艾宾浩斯遗忘曲线，人的大脑的特点就是记得快、忘得快。一个小时不复习，忘记44.2%；一天不复习，忘记33.7%。如果孩子养成复习的习惯，他将超过大部分同学。家长如上这么说，你的孩子当然愿意复习，这么说比说教、唠叨强多了吧。

学霸之所以成为学霸，是因为他有方法。

第四步：温和提醒。

如何不提“写作业”三个字，就让孩子自动自发地写作业呢?

温和提醒就是问他：“宝贝，今天晚上怎么安排呢？”

这个时候孩子会说：“那我先写会儿作业吧，吃完饭之后，我把作业写完。写完了之后我玩会儿手机，看会儿书，之后准备洗澡睡觉。”

家长会发现孩子开始列自己晚上的计划了。

如果孩子不写作业，就让他承担后果。第二天他去学校之后被老师批评了，他会内疚，他会自责，他会有羞耻心，他会反思。

回来之后他会跟家长说：“妈，我今天没写作业，被老师批评了，你还是陪我写呗。”

主动写作业比写作业本身更重要。

家长催促孩子写作业，会把孩子的主动性破坏。把权利还给孩子，温和提醒孩子。

这个时候孩子又有问题了。

孩子可能说："妈，今天作业好多啊，你看又有卷子，太难了，太苦了，我不想学习了。"

当孩子有畏难情绪时，是因为他把恐惧放大了，把困难放大了。

有的家长会说："全班同学都一样的作业，就你觉得作业多吗？别人能考 100 分，我没要求你考 100 分，作业都不想写吗？"

这样说，孩子的畏难情绪能解决吗？

第五步：列清单。

列清单就是拆大化小，化繁为简。这么大的一个任务拆成几项，他就会觉得好简单，也没有那么难。写一项画个勾，整个努力过程可视化。

就像一个小闹钟问老闹钟：你一年要摆多少次啊？

老闹钟说：我一年要摆3200万次。

小闹钟被吓着了：啊，这么多，我不要做闹钟了，太难了，我做不到。

这时另一个闹钟说：没那么难，就是每秒钟摆一下，每秒钟摆一下。一边讲一边示范给小闹钟看。

小闹钟一想，也是哦，其实很简单。它就愿意做闹钟了。

这就是拆大化小、化繁为简的力量。

列完清单之后，到底是先写容易的还是先写难的？多少教育专家说，孩子在精力旺盛的时候先啃硬骨头，先把难题写了。但这样孩子会养成一个习惯：重要的考试来了，开始考试不到半个小时，碰到一道难题，这道题好难，我得死磕，我一定要把它做出来。结果这道题花了 20 分钟，后面容易的题都没时间做了。

第六步：由易到难。

第七步：遇到难题空起来。

当孩子说："妈，这道题好难呐，我不会，你教教我呗。"

第一类家长："这道题有什么难的？这么简单你都不会吗？你上课有没有认真听讲？有没有用点脑子？"

第二类家长："这道题我昨天不是教过你吗？教一遍不会，两遍不会，三遍还不会，我教你用错题本，用错题本，你听到没有！"

第三类家长："你不要动不动就叫妈，不要动不动就叫妈，一个晚上叫八百回，你能不能自己查字典，自己翻书，自己解决问题啊，不要来叫我，烦死了。”

这些话伤了孩子的积极性，伤了孩子的内驱力，伤了孩子的自信心。

家长朋友们角色互换一下，你在直播间问我：“波波老师，我家孩子拖拉磨蹭，你教教我吧。”

我指着你的鼻子说：“拖拉磨蹭你都不会帮孩子改，你怎么当妈的呀？我在直播间讲过一次不会，两次不会，三次你都不会的吗？你不要动不动就来问我，不要动不动就来问我，你自己去看回放，自己记笔记，自己去想办法解决，别来烦我。”

此时你有什么感觉？你此刻的感受就是孩子的感受，你被批评了，你有情绪了，你能学得好吗？

还有，你读懂了我背后的潜台词：你怎么这么蠢？你怎么这么笨？我给你种的种子就是你又懒又蠢又笨，你一无是处。

接下来教家长们正确的方法。

孩子问：“妈，这道题有点难，我不会，你教教我呗。”

你说：“这道题是有一点难，难怪你不会，把这道题空起来，先把容易的题做完之后，妈妈再跟你一起想办法。”

不要小看这三句话。第一句话是“这道题是有一点难，难怪你不会”。多少孩子会错误归因，题不会是因为自己懒、蠢、笨，自己不是学习的料。他会自我攻击，自我负面评价。

家长这么说，孩子就不会把错误归因到自己身上。

第二句话是“把难的题空起来，先做容易的题”。这个时候做了一个由负转正的转化。孩子原来十道题有两道题不会，他会觉得自己真的好无能，真的好差劲。家长说完后，孩子瞬间就发现自己还有八道题是会的，瞬间他就觉得自己是有能力的。

第三句话是“妈妈跟你一起想办法解决”。孩子会觉得妈妈是支持自己、鼓励自己的。孩子在这件事上有好的体验，他就愿意上学，他就愿意学习。

第八步：及时鼓励。

游戏让孩子上瘾是因为游戏抓住了孩子的心理需求。我们要把及时鼓励用到学习上。及时鼓励也是有技巧的，不是夸孩子就行。因为十个家长九个半都不会夸。

很多家长夸：宝贝好厉害呀，宝贝真聪明啊，宝贝真棒啊。这叫没有营养的废话。

夸孩子怎么夸呢？我前面教过鼓励的四个黄金句式，多看几遍。

以上就是写作业的八步法。好好去用，你的孩子也会爱上写作业的。

（四）一步三招，让孩子跟拖拉磨蹭说再见

拖拉磨蹭如何解决，这是天下父母都关心的话题。在我的家长课堂上，家长们普遍反映的问题就是孩子总是拖拉磨蹭，一点时间观念都没有，起床要催，洗脸刷牙要催，上学要催，写作业要催，睡觉还要催。

早上家长着急出门，孩子却磨磨蹭蹭，好不容易出了门，孩子又东看看西瞅瞅。写作业的时候，孩子一直不动，温柔地跟他说："宝贝，什么时候去写作业？"孩子还是不动，再过一会儿，又去催，还是不动，直到家长发火了，孩子才不情愿地坐到书桌前，但是一会儿就变成边玩边做了，搞得家长很恼火。

其实每一个拖拉磨蹭的孩子，背后都有一个催促的家长。首先家长要放下焦虑，把权利还给孩子，让孩子觉得写作业、学习是自己的事，而不是家长的事。家长越催，孩子越觉得学习是家长的事，不是自己的事。

先来看孩子拖拉磨蹭的四大原因。

第一，孩子是天生的慢性子。

人的性格有急有慢，这很正常。如果孩子是慢性子，你不要把他逼成急性子。最可怕的是一个慢性子的孩子遇到一个急性子的妈妈，这个时候会怎么样？无论这个孩子怎么做，在妈妈眼里都是拖拉磨蹭的。所以不要逼一条鱼去爬树。

家庭教育还有一个重要理念是因材施教。

慢性子的孩子的优势是专注力好，很严谨很认真，慢工出细活，能钻入一件事中去研究。所以家长要按照慢性子的孩子的性格特点来养育孩子。

第二，孩子没有时间观念。

时间是什么？孩子小时候没有抽象的概念，他懂大小、高矮、胖瘦，因

为这些看得见摸得着。

但时间是什么？看得见摸得着吗？什么颜色？什么形状？

孩子没有时间观念，是因为家长没有把抽象的时间具象化给他，家长没有训练孩子把抽象的时间具象化。

第三，孩子专注力很差。

其实孩子天生有专注力，只是被家长破坏了。

两三岁的孩子玩水玩沙，是不是可以一个小时都坐在那里？后天家长怎么破坏它的？

在游乐场，我经常看见那些妈妈们、爷爷奶奶们，在孩子很专注地玩滑梯、玩沙池、玩波波池时，一会儿让宝贝喝口水；一会儿用叉子举着苹果，让宝贝吃口水果；一会儿摸摸他的汗巾，给孩子换一条汗巾。

孩子在很专注的时候，家长不要不停地打断他，这会把他的专注力切成碎片。

第四，父母事事包办。

这会让孩子觉得：我不行，我妈行；我不干，我妈干。

各位亲爱的家长朋友们，你越能干，你的孩子越拖拉越磨蹭。错误的事情停止做，正确的事情重复做。

接下来一步三招，解决孩子拖拉磨蹭的问题。

第一步，停止催促。

不要说“不要迟到，不要拖拉磨蹭”这些话。为什么不能说？我跟大家玩个游戏：不要眨眼睛，不要去想这头粉红色的大象，请你忘记这头粉红色的大象。

你脑子里有什么？一定有粉红色的大象。

大脑的特点就是把“不要”这个词过滤掉，直接记住后面的，不要去想，你一定会去想。

很多家长在孩子上考场之前跟他说：不要紧张，不要害怕，不要有压力，不要错题，不要漏题……

在孩子上考场之前，正着说，怎么说？

“宝贝啊，你今天状态特别好，你今天感觉非常轻松，你在这门学科上获得了多么辉煌的成绩。不管你考得好不好，妈妈都爱你。”

接下来讲三招。

第一招是日常惯例表。

第二招是三只青蛙。

第三招是番茄钟。

先来讲第一招，日常惯例表。

从儿童发展心理学来看，孩子从小对空间、大小等具象的概念学得很快，孩子很快就学会了前后、左右、大小等概念，但对时间这个概念感觉很抽象，我们要教孩子把这个抽象的概念具象化。日常惯例表就是非常好用的工具。

日常惯例表是孩子学习时间管理和生活技能的一个很好的训练工具。家长要特别注意的是：我们是引导孩子创建他们的日常惯例表，而不是为他们建立惯例表。“引导孩子创建”与“为孩子创建”这两者有本质区别。

如果家长自己为孩子制定一个惯例表，而没有让孩子参与进来，也就是我们刚刚说的“为孩子创建”，用这种方式制作的惯例表并不是真正意义上的惯例表，并且这张表会成为我们控制孩子行为的另一种变相的方式。因此，我们说日常惯例表是要引导孩子去创建，而不是为孩子建立，我们要把权利还给孩子。我们的工作是帮助孩子自律，而不是他律。让孩子充分参与进来，教孩子制定日常惯例表是朝着这一目标迈出的一大步。

那我们如何教孩子制定日常惯例表呢？日常惯例表是在相互尊重的基础上建立起来的。它不是一方强加于另一方、控制对方的工具。而且，我们要相信孩子，先有自由，才能自律。

如果孩子在排序过程当中犯了错误也没关系，让他去体验，也学会从错误中学习和成长。日常惯例表是为了帮助孩子，让孩子知道接下来要发生什么，这样可以让他对生活更有安全感、归属感和秩序感。

如果孩子觉得自己参与日常惯例表的制作，他能够主宰自己的生活，那么他会更愿意去遵守、执行。

举个例子，有位家长上完我的课后，开始在家使用日常惯例表，她的孩子5岁了，她和孩子一起制作睡前日常惯例表。首先她会问孩子：“宝贝，你在睡觉之前都有什么事情要做呀？”孩子回答：“我要洗脸刷牙，还要听妈妈讲故事，还要和妈妈聊天、看动画片、洗澡、睡觉。”

接着，孩子妈妈就让孩子把每一个他说的流程用笔画下来，妈妈在旁边用文字注明。

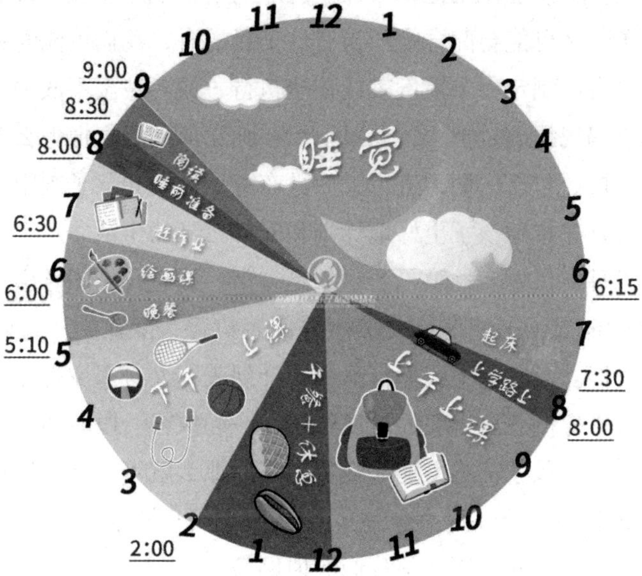

妈妈问他：“你先做哪个，后做哪个呢？”他可能会排个顺序，这个时候妈妈不去评判他，跟他这样“走”，比如他要先看动画片，然后洗脸、刷牙、讲故事、洗澡，怎么样都可以。

在生活中，孩子可能会不断地跟家长说：“妈妈，我不想这样，我想调整一下顺序。”家长允许后，他就会自己重新安排。

日常惯例表是我们潜意识正向教养法中的一个常用工具，也是一个非常好用的工具。很多家长尝试一段时间后会给我反馈。有的家长说：“超级好用！自从用了日常惯例表，宝贝睡觉前，我们家再也不用上演鸡飞狗跳的一幕了！有的时候孩子忘记了，我就会提醒他，惯例表的下一项是什么呢？他就会很配合地去完成了。”有的妈妈说：“根本不管用！日常惯例表做出来了，可是他根本不执行！你再催他也没有用！”为什么呢？为什么同样是日常惯例表，有人赞、有人弃呢？我们一起来分析一下。

阿德勒个体心理学说：所有的行为都是有目的的。不同的目的就代表了我们不同的选择，它必然会导向不同的结果。我们来看看运用日常惯例表的家长，目的可能会是什么？

第一种目的，家长期望运用日常惯例表之后，孩子就变得很听话。如果我们的根本目的还是想控制孩子，想要孩子按照我们指定或期望的方式去做，那么孩子怎么可能会配合呢？当有这个目的时，我们可能连头脑风暴都取消了，直接自己制定一个惯例表让孩子执行，或者甚至不敢去做这个惯例表，因为就有妈妈提出过担心：如果他要在睡觉前加上吃糖怎么办？家长们希望一切都能按照自己的期望进行，而没有意识到引导孩子制定日常惯例表的整个过程就是在帮助孩子更好地计划和安排自己的生活。

家长运用日常惯例表的第二个目的是省事。如果我们图省事，期望用一张表就可以搞定孩子，让他从此按照惯例表执行，除非先让这张表具备魔法，否则不可能。其实想想我们自己做的计划表，又有多少是完全执行了的呢？在制定日常惯例表后，我们可以与孩子一起执行一段时间，如果在执行的过程中，家长与孩子都觉得适应得特别好，那么就可以这样执行下去。如果在执行的过程中出现了一些问题，那么我们可以再次与孩子一起头脑风暴，寻找解决办法，并重新调整我们的惯例表。

其实制定日常惯例表的主要目的就是花时间训练孩子。我们做日常惯例表，关注的是长期效果，是在尊重平等的基础上，培养孩子必备的生活技能和社会品质。制定日常惯例表后，我们需要观察执行的过程中孩子的反应，看看是否有他不能完成的部分，是否有他感到困难的地方，然后花时间训练。花时间训练，训练的是孩子的生活技能。比如我们在日常惯例表中，可能会有穿衣服这一项，如果我们的孩子只有三岁，还没有能力自己穿衣服，那么这一项任务对他来说就会很困难，他可能就会本能地拖延或者回避。这个时候就需要我们花时间去训练孩子，保证孩子具备这样的生活技能。他可以靠自己的力量，完成穿衣服这个动作，以保证整个流程的顺畅进行。再比如写作业惯例表。写作业看似是一个简单的任务，可是这里面其实有很多技巧需要掌握。比如如何预习，如何复习，如何估计作业用时，如何分配时间，如何处理遇到的问题等。在写作业或考试过程中，先把不会的问题标记出来，留在最后统一去处理：查字典、去请求父母或者老师的帮助、查询资料。这都是非常实用的技能。而这些技能需要我们教会孩子并且训练他，保证他已经掌握。花时间训练孩子习得生活技能，是父母必须要做的，因为孩子终究要独立，需要学习生存的技能。

日常惯例表的执行，会带来秩序感和安全感。当孩子具备了生活技能和时间观念，他一定会愿意遵照执行。我们运用日常惯例表的过程，实际上也是在逐渐地培养孩子的自律能力和自我管理的习惯。我们不指望用一个日常惯例表，就让孩子永远地执行下去。可能过一段时间我们会根据实际情形做一些调整，或者有突发情况的时候，也会有一些调整，这是弹性的。只要我们知道，日常惯例表的真正目的是花时间训练，是帮助孩子习得日后对他非常有用的生活技能和社会品质，家长就不会焦虑，不会只焦灼他为何不做，而是去观察他遇到了什么困难，需要怎样的协助。坚持运用日常惯例表，并对孩子感到困难的部分做针对性练习，帮助孩子习得生活技能和社会品质，不仅会帮助我们轻松育儿，而且会帮助我们的孩子获得对他一生发展至关重要的能力——自律和独立。

年龄大一点的孩子，可以用图表来制作日常惯例表。

运用日常惯例表还有几个小技巧

（1）把“快点”，换成“加油”。比如孩子的下一项日常惯例表任务是写语文作业，不要说：“快点写作业。”而是说：“宝贝，看一下日常惯例表，下一项是做什么，加油，妈妈相信你能做到。”把“快点快点快点”，换成“加油加油加油”。

（2）把催写作业，换成催睡觉。如果孩子到了睡觉时间，但作业还没写完，家长可以直接催促孩子睡觉。这个时候孩子会说：“我作业还没写完呢。”家长这个时候可以说：“哦，你发现作业没写完，有点着急了，但现在睡觉时间到了，先睡觉吧。”孩子会说：“不行，我要写作业。”这个时候我们可以用启发式提问：“那怎么解决作业的问题呢？”孩子会自己想出很多办法来。或者用有限选择，要么今晚熬夜写，要么明早早起写。让孩子来选择，能很好地培养孩子独立解决问题的能力。

（3）孩子写完了作业，可以有自由的时间玩。家长这个时候不要给孩子加任务，不然孩子会觉得写完作业也没什么好处，还会有更多的任务等着，就会拖拉磨蹭。要给孩子加任务和难度，需要提前跟孩子商量，并征得孩子同意写进日常惯例表。

惯例表
我的24小时的计划
上午
起床：6：50-7：10
洗漱：7：10-7：25
早饭：7：35-7：50
写作业：8：00-11：00
中午
中饭：11：30-11：50
午睡：12：00-14：00
下午
写作业：14：20-15：30
出门锻炼：16：00-17：00
看电视：17：20-18：00
晚上
晚饭：18：20-18：40
出去玩：19：00-20：00
洗漱：20：10-20：40
看书：20：50-21：20
睡觉：21：30-21：35
开心度过每一天

（4）任何时候不要替孩子做，不要包办。有些家长着急，看着孩子磨磨蹭蹭，直接自己帮孩子做完了。切忌替孩子做，要允许孩子在错误中成长，允许孩子小步前进。如果你替孩子做了，或者包办了，你就是剥夺了孩子成长的机会，剥夺了孩子锻炼的机会。

运用日常惯例表能很好地培养孩子的时间管理和自我管理能力，拖拉磨蹭的问题能从根本上解决。

第二招，三只青蛙。

家长们担心孩子分不清轻重缓急，不会时间管理。

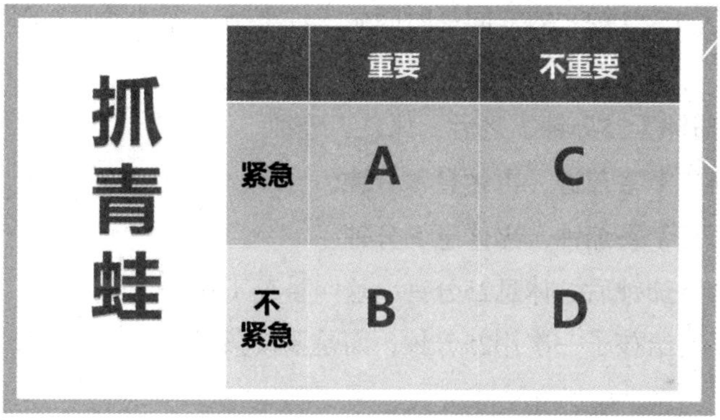

时间管理，就是把所有的事情分成四个象限，包括重要紧急的、重要不紧急的、不重要紧急的、不重要不紧急的。这样孩子就有了轻重缓急的概念。家长一定要用孩子的思维，用孩子能听得懂的语言去教他。

我把游戏利用到极致，我教孩子：宝贝们，来玩抓青蛙的游戏了。从一天的日常惯例表中，挑三件重要的事情，就像抓三只青蛙一样，孩子一定会把学习跟写作业抓出来。

有的家长觉得怎么可能呢，自己的孩子不爱学习。

我证明给大家看，一个倒数第一名的孩子来到我面前，我跟他说：“宝贝，波波老师给你一个魔法棒，你想要什么？”

他说：“波波老师，我想要成绩好，我想要我的父母不争吵。”这就是孩子真实的声音。

每个孩子都知道学习跟写作业很重要。第一只青蛙就拎出来了。

那第二只、第三只青蛙是什么？取决于你给孩子的价值观是什么。我跟我家孩子说："宝贝，健康无比重要，比学习还重要，所以按时吃饭、早点睡觉比什么都重要。"第二只青蛙就抓出来了。

第三只青蛙是什么？跟家里人的关系、原生家庭的关系很重要，你的人际关系很重要。第三只青蛙也拎出来了。

接下来讲第三招，番茄钟。

番茄钟让孩子对时间有直观的体验，把抽象的时间具象化。你定个五分钟的闹钟，五分钟到了，铃声会响，孩子就对时间有了直观的体验。

番茄钟工作法是脑科学家研究出来的，适合我们大人的时间间隔就是25分钟，这25分钟之内，同一时间做一件事情，深度学习，深度工作，效率很高。

1个番茄钟（25分钟）之后，休息5分钟。

再来第二个番茄钟，再休息5分钟。

再来第三个番茄钟，再休息5分钟。

第四个番茄钟后，休息25分钟。这叫番茄工作法。

这时不要给孩子一次用25分钟，而是要按孩子的专注力时长来训练。如下图。

番茄钟

总结一下，解决拖拉磨蹭的问题，一步三招：停止催促，日常惯例表，番茄钟，三只青蛙。如果你用好了这几个方法，孩子也能成为时间管理的高手，从此跟拖拉磨蹭说再见。

（五）把游戏机制用在学习上

对比一下游戏，孩子在学习的过程中会得到一些什么样的反馈和感受呢？

第一点，学习的目标明确吗？高考、分数排名这些可能都是目标，但这些目标也可能只是家长的目标。即使有了大目标，小目标分解得够充分吗？孩子坐在书桌前的那一刻，清楚自己接下来一个小时的目标是什么吗？很明显孩子并不清楚，所以学习对孩子来说目标并不明确。

此外，孩子的期待与现实匹配吗？

学习的难度是逐渐增大的，但是很多孩子没有找到自己当前的知识水平和要学习的内容之间的匹配度。在教室里上课的孩子有1/3觉得所学内容太容易了，有1/3可能刚刚好，还有1/3可能觉得难度太大了跟不上。目前的教育体制下，同一班学生用同一个教育进度和计划，没有考虑到学生的水平有差异。这有时候会让学生有挫败感，让人感到挫败的东西都会被抗拒。

第二点，学习没有及时地正面反馈。

纯粹为了高考的学习，没有一个很好的激励机制。因为当下的努力要在很久的将来才能显现成果，没有及时的反馈。

孩子在学习过程中得不到正向的反馈，更多的是得到家长的负面反馈。没有正向反馈，没有激励，学习就很难坚持下去。

第三点，在现在的教育环境中，学习是单兵作战，是竞争的氛围，没有合作。如果能给孩子找到水平相当的学习伙伴，组成一个学习小组，同学之间可以相互交流，相互讲题，这种团队学习对学生来说会产生很大的帮助。

下面谈一下家长在提高孩子学习动力上具体能做些什么。

第一，有效沟通，找到具体原因，分解目标，对症下药。

每个孩子的学习动力问题都受到具体的个体以及所处的具体环境等因素的影响，普遍的方法并不一定在个体身上完全适用，这个时候家长和孩子之间的有效沟通是解决问题的起点。家长的情绪平和非常重要。

针对孩子不想学习、动力不足的问题，家长要了解孩子如何看待学习目标这件事情。比如问问孩子长大了之后想要干什么，是想考一个好的大学呢，还是为了让家长满意？这是不同的意愿和目标。对我来说，我更希望孩子喜欢学习这件事情本身，希望孩子能从学习当中找到乐趣，以乐趣为动力比以目标为动力更长久愉快。

当然，我也会问孩子："你长大了想要做什么？"她说："我想成为一个科学家，成为一个画家。”之后我就会问她：“如果想要成为一个科学家、成为一个画家，你觉得要做些什么才能实现呢？”孩子知道要通过努力学习才可以达到她自己的目标，去过自己想要的生活。

这个就是像游戏一样分解目标，把目标分解到尽可能小，让孩子看到努力的结果，给予鼓励和反馈，让孩子有学习的信心和兴趣，也让孩子体会到每一个小目标的成就感，不要给孩子太多的压力，不要在写作业的时候去吼他，给他太多负面评价，这样会让孩子厌学。

还有就是要知道孩子的学习临近区。什么是学习临近区呢？比如现在孩子学习了1+1=2，你就开始教他二元方程式，这中间好像缺了点什么，对吧？20世纪90年代，心理学家安德斯·艾利克森提出了“刻意练习”理论，其中包括舒适区、学习区和恐慌区。

舒适区是指已经熟练掌握的各种技能，处于舒适区的学员，没有学习的意愿。只有处在学习区里的学员有学习动机，有效的练习任务必须精确地在受训者的学习区内进行，才具有高度的针对性。

还有一个是恐慌区，指暂时还无法学会的技能。

这个理论框架对于孩子的学习问题尤其有用，大部分动力不足的学生都是漏掉了某些知识点到了恐慌区，这之间产生的断层，使得学生不知道哪些知识和概念没有掌握，从而跟不上进度。

所以，家长要帮助孩子识别和梳理哪些知识点已经掌握了，找到临近学习区的下一个需要学习的点，逐渐积累才能填满整个知识框架的版图。这就是超常教育的核心理念，因材施教，知道孩子属于哪一个区域。

第二，及时给孩子正面的反馈。像游戏机制一样，每过一关，有一点阶段性成果，家长都要给孩子及时正向的反馈，这就是我们前面提到的认同、欣赏、赞美。对孩子尽量多鼓励少表扬，当孩子表现得好的时候，一定要及时鼓励，发现他们的点滴进步，及时给他们反馈，因为孩子感觉好的时候，会表现得更好。塑造孩子良好的行为，是在孩子感受好的时候强化他的这种美好的感受，下一次孩子会表现得更好。

第三，要打造温馨安全的学习环境。给孩子找到一群小伙伴，通过团队来学习，在这个团队中可以讨论，互相教导，互相鼓励，有什么不愉快也可以分享出来，大家共情、倾听、理解，孩子们在这个团队中能培养出归属感和价值感。

团队学习是一种新型的学习方式，在线下课中，我会让家长在游戏互动中体验团队学习的魅力。

学习动力最忌讳孩子内心感到“我不行”“我数学天生不好”等。这些都是孩子给自己的潜意识种下了一些负面的种子，阻碍了孩子的学习动力，就像玩游戏一样总是过不了关，一旦觉得自己不行就放弃了。所以家长要多关注孩子的自信心，给孩子打造一个温馨安全的学习环境。一是要注重孩子在学习上的成功体验，鼓励认可。二是不要横向比较，不要让孩子跟别的孩子比较，而是要让孩子跟自己比较 。拿别人家的孩子来跟自己的孩子比较，是最不利于培养孩子的自信心的，每个孩子都有自己的学习节奏和天赋特长，家长要把关注点放在孩子的学习成长上面。

总之，培养一个内心丰盈、觉得自己能行的孩子，远远比考卷上面的分数和名次更重要。

三、真实的案例

（一）如何用二十一天培养孩子的学习习惯

这是一个真实的案例，讲我是如何花了不到二十一天的时间，把一个每天晚上写作业拖拉磨蹭到十一点钟还完不成的小女孩，变成一个能够正常完成作业的孩子的。

咱们先来看一个故事。有一头大象走在非洲大草原上，它特别想留下来跟同伴们玩耍，特别迷恋丰美的水草，但是它的背上有一个鳍，骑象人正一手握着缰绳，一手拿着地图，拼命地赶着大象去远方。但是大象有自己的向往，它一点都不喜欢骑象人给它规划的路，于是双方经常僵持不下。

其实我们的孩子就好比是这头大象，他们看到的常常是眼前的快乐和风景，他们一点都不喜欢父母给他们规划的路，而父母又特别希望孩子去向远方，于是双方常常僵持不下。要想真正地激发孩子的内动力，最好的方法就是让大象跟骑象人拥有共同的目标和方向，也就是说，父母一定要看到孩子的需求，找出一条既能够满足孩子的需求，同时又能够满足父母要求的路。双方要统一思想，统一价值观。那具体该怎么做呢？父母首先需要相信，每一个孩子都是渴望变得更好的，每一个孩子内在都是有一颗向上之心的，这个世界上没有任何一个孩子是希望自己越来越差的。

没有任何一个学生想做一个每天完成不了作业，被老师经常批评点名的坏孩子。他们完成不了，是因为遇到了各种阻力、挫败，导致信心受阻，不再相信自己有这个能力了。

我们要相信每个孩子都是有向上之心的，这是一个毋庸置疑的事实，明白了这一点，问题就变得简单多了。渴望变得更好，就是父母跟孩子共同的目标和方向。那有了共同的目标和方向，剩下的不就是帮助孩子解决问题、重拾信心吗？

那具体该怎么做呢？给大家讲一个真实的案例。今年年初的时候，有一个妈妈找到我，她说自己读一年级的女儿每天晚上写作业拖拉磨蹭到十点多钟还完成不了。妈妈已经被磨得没有脾气了，觉得孩子无药可救了。结果我花了不到二十一天的时间就帮她解决了问题，而且我的方法非常简单，听完之后你会觉得很惊讶。

我首先帮助妈妈找到了她与孩子共同的目标和方向，那就是都渴望早一点完成作业。

那有了这个共同的目标和方向，剩下的不就是帮助孩子重拾信心、解决难题吗？具体该怎么做呢？我对妈妈的要求是这样的：接下来一个月的时间里面，在孩子写作业这件事情上，你不可以有任何的批评、否定、打击、数落，或者说拿着孩子跟别人对比，你要闭上嘴巴，你要做到一张口就给孩子能量感，一张口就给孩子愉悦感，一张口就给孩子成就感，要么你就闭上嘴巴。

过去这个妈妈经常打击、否定、批评、数落孩子，甚至拿着孩子跟别人对比，越是这样，孩子越退缩，越没有信心。所以她要打破过去错误的方式。

我对这个妈妈还有一个要求，那就是每天从写作业这件事情上面找到孩子的三点进步和成长，并且告诉孩子。结果这个妈妈一上来就告诉我："老师，我找不到。"

我马上就给她做了一个示范："丫头，昨天晚上你是十点钟写完作业的。今天晚上是九点五十分，比昨天快了十分钟，妈妈感觉你今天晚上的时间管理能力更强了，效率更高了，看到你有这么大的进步，妈妈特别开心。"

这位妈妈又说了："老师，如果时间方面没有进步，我该怎么办呢？"

我说："那就看态度。比如，丫头，昨天晚上写作业的时候，你是带着情绪的，今天晚上心平气和地完成了作业，妈妈感觉你今天晚上的情绪管理能力更强了，越来越能够管理好自己的心态了，非常好，妈妈特别为你高兴。"

这位妈妈又问了："如果态度上面没有进步怎么办呢？"我说："那就看质量。"

如"丫头昨天晚上写作业的时候非常潦草，今天晚上字写得工整了很多，这让妈妈感觉你对待学习的态度越来越认真了，看到你有这么大的态度上的进步和成长，妈妈特别骄傲，为你高兴"。

这位妈妈又说了："如果质量方面没有进步怎么办呢？"

我说："那就看细节，如丫头昨天晚上写作业去了五趟厕所，今天晚上只去了两趟，这说明你越来越能够管理好自己的行为了，越来越自律了，看到你越来越好，妈妈真的很替你高兴，越来越放心你的学习了。"

这个时候妈妈又说了："老师，如果以上的所有进步都看不到怎么办呢？"

我说："孩子能够保持跟昨天一样的成绩，那本身就是一种进步，因为这是需要努力的，没有努力是不可能保持记录的，这本身就是一种成长和进步，需要你大力地去嘉许。"

听到这里，这位妈妈恍然大悟，然后完全按照我的要求去做，结果不到二十一天的时间，孩子就已经成为一个能够正常完成作业的孩子。

（二）如何三招让孩子爱上学习

一个妈妈听了我的课后，给我反馈，孩子写作业终于不用像打仗一样硝烟弥漫了。

她的孩子刚上一年级，以前的场景是不写作业母慈子孝，一写作业鸡飞狗跳。

这位妈妈上了我的线上课后，做到了三点，孩子真的改变了，变得自动自发写作业、爱学习了。

耐心地往下看，我会给你具体的话术。

首先我们来想一想，一个孩子在什么样的情况下能主动爱上学习呢？就是他在做这件事情的时候有好的回忆、好的体验。

大部分孩子的体验是什么呢？一进门妈妈就开始唠叨了：还不赶紧去写作业，还在磨蹭什么呀，每天都这样！

写作业的时候就伴随着各种批评和指责：笨死了，还懒，没见过你这么慢的！快，赶紧写，我就盯着你，赶紧写！

写完作业了，总该放松一下了吧，结果又是新一轮的批评：昨天就教会你的题，今天怎么又错了，我怎么生了你这么个东西啊。

你们看孩子在学习的过程中，从头至尾没有一点点愉快的体验，他怎么可能爱上学习呢？

以上几条，这位妈妈全中，我给她三点建议，每一点我都给她配一个具体的话术，学完之后马上就能用。

第一点，我们要让孩子在学习的过程中有成就感。举个例子，今天你的孩子写作业，写完之后一看，十道题，对了八道，错了两道。

这个时候你该怎么说话？

错误的方法：今天上课是不是又开小差了，怎么老师刚讲的你就不会，上课想什么呢？

正确的方式：宝贝，不错，对了八道题，写得也认真，字迹也很工整。

这样说，就会让孩子在学习上有成就感。

你可能会问：那错了两道题就不管了吗？

当然不是，耐心往下看。

第二点是胜任感。胜任感是什么意思？就是我觉得我行，所以我愿意尝试。那这个时候刚才那两道错题怎么办呢？

错误的方式：这么简单都不会。

正确的方式：妈妈看看，好像是有一点难度，要不咱们再仔细地读一下题。

如果他做出来了，跟他说：行啊，宝贝，遇到难题都不怕了呀。

这样，孩子以后写作业的时候，遇到难题，他不会挑题，因为他对难题有了胜任感。

那你也可能会问：要是孩子研究了之后，还没做出来怎么办呢？

继续往下看第三点，我们要让孩子掌控自己的行为，产生自主感。

还是刚才这个例子，如果他做出来了，你就要说：你是怎么做出来的？用了什么方法？快来教教妈妈。

如果他没有做出来呢？就要用启发式提问：这道题你打算怎么办呢？我们是查资料呢，还是明天去学校问老师呢？

不管他做出来还是没做出来，你一直在引导他想办法，他就会变得越来越主动，这就是语言的力量。

这位妈妈还有一点做得特别好，就是跟孩子一起学习。咱们很多家长朋友是让孩子去做作业，然后自己坐在那里刷手机、看电视。这样你会发现孩子心里其实是非常不服气的。每天孩子写作业的时间里，这位妈妈就拿出书在孩子旁边阅读。

很多时候，孩子写作业拖拉磨蹭，是因为他缺少了学习的榜样，缺少了学习的动力，这位妈妈通过自己的实际行动去影响孩子，这比说1000句说教的话都要管用。

每天还可以抽出一定的时间跟孩子玩一些提高学习效率、培养专注力的小游戏。比如舒尔特方格、古诗词连线的游戏。既可以训练孩子的专注力，又可以让孩子在无形当中加强记忆，一举多得！

第五章

压力转化模型——把压力变成动力

所有人都会面临压力，转化压力是人终身的课题。

我先描述几种身体特征，你看看你或者你的孩子有没有出现过这类问题：

★睡不安稳，喜欢熬夜，白天精神不好。

★身体各个部分莫名其妙地疼痛。

★比平时更容易生气发火。

★没有办法像往常那样，集中注意力有效率地学习。

★学习或者打不起精神，或者无法集中注意力。

★翻来覆去地想一件不太好的事情，无法自控，怎么都放不下来。

★食欲不振，或是一反常态地大吃垃圾食物，体重忽高忽低。

★莫名其妙地脱发。

★最近不太愿意跟父母说话。

如果以上这几条跟你完全不沾边，这门课你几乎不用听了，恭喜你，看来你或者你的孩子的状态不错。

但是，如果你发现你或者你的孩子符合上面三条以上，我就要提醒你，你的压力、孩子的压力过大了，身体正在通过上述症状发警报。

不管是家长还是孩子，不管是在工作、学习中还是在生活中，压力都无处不在，如何管理好压力，并将压力转为动力，这是有方法的。

一、背后的原理

在进入压力管理模型之前，我要先讲压力的特点。

（一）压力的四个特点

第一，压力可以来自外在，也可以来自内心。

如果你是家长，无论你是做什么工作的，在哪一级岗位上，你都会有压力。

如果你是学生，不管你在哪个年级，不管你成绩好还是不好，你都会有压力。

而且压力绝对不单单来自你的身边，你的工作，你的家庭，你的同学，你的老师，也来自你的内心。

夜深人静的时候，你总是焦虑失眠，这些都是压力的表现。

第二，不好的事情会带来压力，好的事情也会带来压力。

不管是家长工作上遇到困难、家庭出现了矛盾，还是孩子考试没考好、同学排挤、老师批评等都会给人带来压力。

考了好成绩、比赛拿了奖、工作升职加薪、乔迁，也会给人带来压力。

比如有一次我妈给我打电话："女儿，我今天去超市抽奖，抽中一台空调，3000多元啊，太开心啦。"

我妈妈跟我分享她的快乐，我说："太好了啊，赶紧装上。"

我妈来了一句："等会儿，我现在血压180，我得等会儿，喘会儿气。"

我妈平时就有高血压，现在一激动，血压就上来了。

我跟妈妈开玩笑："还好你今天不是中了500万，不然，你可能都去医院了。"

我妈一听，哈哈大笑。

这个例子足以说明好的事情同样会带来压力。

第三，压力的表现不单单是心理上的，还会躯体化。

刚开始你只是有心理压力，之后压力会躯体化，你的身体会出现一些状况。刚开始时是亚健康，失眠、脱发、焦虑、想东想西，后来情况会越来越严重，导致身体的一些病变。

第四，压力不代表你“软弱”“不坚强”“没有韧性”。

紧张是人在所有重大的、有难度的、高风险的、高回报的情况下都会有的反应，它是人在生理上、心理上做好迎战准备的一部分。

人只要活着，压力就是逃无可逃的事情。因此，正确、有效的压力管理不是避免压力，也不是消灭它，而是关注、衡量、调整、管理、控制这个压力，把它所产生的动力最大化。

我们更应该关注怎么转化压力、释放压力。如何关注、衡量、调整、控制压力，不让它产生生理反应、心理波动伤害孩子，而且尽可能把它产生的能量最大化，作用于孩子的学习和生活。

（二）从脑科学和心理学了解压力的真相

在一般人看来，压力是坏事，最好把它消灭掉。这么想，其实是把压力想简单了，我要带大家认识压力的真面目。

有了这个认知，你才知道压力管理的窍门在哪里，否则不管是去冥想、跑步，还是所谓的身心灵修炼，都没用。一定程度的压力对人来说是好的，消灭了它，反倒对自己的生存和发展不利。

第一，压力是人对外界环境的反应。

压力其实无所不在。压力与焦虑感在人类进化中的重要作用，可以用警报、动员与行动来描述。压力反应的生理过程大致是下面这样的。

先是出现一个压力点、一个压力事件，比如一个挫折、一次失败，有的时候是一个很重大的任务或机会，比如拿到一个高薪工作的机会、一次重要的升职、决定一个企业生死存亡的投资等。

遇到这样的状况，人的压力就激活了，我们大脑皮层里的杏仁核就会分泌压力荷尔蒙，也就是我们的肾上腺所分泌的皮质醇。皮质醇会起到提高血压、血糖水平和抑制免疫的作用，然后身体就开始反应和行动了。

那有了这些身体内部的反应，人的外在表现会如何呢？

发展心理学很早就认识到对于压力、焦虑，人类的本能反应是一打、二逃。这个很容易理解，在原始丛林里，遇到兔子就应该打，遇到老虎就赶紧跑，这都是生存需要。

但是现代科学对于压力反应有了进一步的认识，发现除了打跟逃之外，人其实还有另外两种情况，就是三傻、四睡。要么是吓傻了，要么就是闷上心头瞌睡多。

也就是受到压力荷尔蒙的影响，人还会产生惊呆了或是彻底“停机”的生理和心理反应。

看到这里你就会明白，压力是人对外界环境时时刻刻的反应。

人平时工作、学习、生活当中所有的追求，严格地说起来都是压力事件。

所有这些，都是生存发展对我们的要求，都会有压力，只是程度不一。

我们对这些要求，都是先有反应，后有行动。这就很容易推到我要讲的关于压力的第二个真相——压力对你有好处。

任何生活、工作、环境、人际关系对我们的要求都是某种压力，都会触发生理、心理上的反应，以促使我们行动起来，对应、处理、解决问题，完成任务，达到目标。

第二，管好压力，激发动力。

压力是有两面性的，如下图。

压力的两面性

- ***适度的职业压力将会激励工作人员，激发工作者的潜能，以及促进能力的发挥，增加工作效率。***
- ***过高或太低的职业压力都会减损工作者所能展现的工作效率，并造成士气低落、工作成效不彰的反效果。***
- ***职业压力程度与工作表现的关系呈倒U状。***

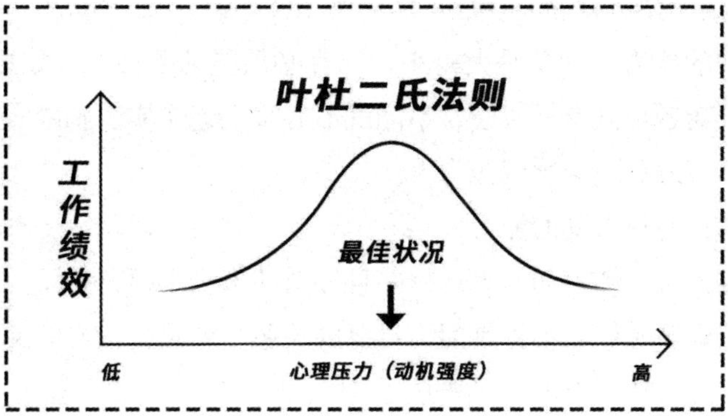

看这条曲线，开头的时候，压力越小，人的动力也就越小。也就是说，如果工作非常简单，没有什么挑战，也没有太多成果的话，我们常常没有兴趣，没有动力，没有作为。

而压力增加，我们的动力也跟着上升，我们的积极性和努力程度也跟着增加。压力越大，积极性、业绩越大。

当然这不是无限的。这条曲线会达到一个钟形，一个倒扣过来的大钟的顶部，在这个时候，压力与动力就达到了比例的最佳点。

在那之后，压力越大，动力跟工作表现就会越差。这个时候，压力对动力与工作表现的作用就是负面的了。对孩子来说，工作业绩就是学习成绩。

压力过大，也就是所谓的超负荷，最终的结果就是“关机”，人会破罐子破摔。

所以，高水平的压力管理，是人有能力调整、管理、控制自己的压力，并把它产生的动力、能量最大化，帮助自己达成更高的人生目标。

（三）减压应该具备哪些能力

有效的压力管理，要求你有以下四种能力。

能力一：自我觉察能力。

自己对自己要有所了解，并且能够注意到自己的状况、变化、情绪、工作情况起伏，对自己要有起码的了解——什么样的挑战让自己振奋，什么样的情况下自己会无法应对，这是压力管理的第一要素。

能力二：解决问题的能力。

无论你的能力、抱负是大是小，你都必须能动手做事。如果眼高手低、挑肥拣瘦，或者是没有好奇心，不能沉下心来老老实实、脚踏实地地学习技能，那你不可避免地会感到压力大。

能力三：向外求助的能力。

压力过大时，知道如何表达，并且知道该怎么求援，是压力管理极其重要的一环。很多时候，不管是因为自尊的关系，还是自信心的关系，很多人不能求援，这会让压力的情况恶化。

你要知道老师也好，同学也好，爸爸妈妈也好，都不会“读心术”，压力之下如何沟通、交流，跟你平时和人沟通交流一样是技术活。

能力四：转移注意和平衡生活的能力。

一个基本良好的生活，要有可以帮助你平衡的东西。在学习之外有家庭，在家庭之外有学习，缺一不可。

运动、旅游、烹饪，无论这个爱好是什么，有东西能够帮助你平衡是管理压力很重要的部分。

二、落地的工具

（一）用“动”的方式解压

第一，用运动减压。

运动对孩子的健康，对脑力发挥、发展，都有莫大的帮助。

现代神经科学的研究告诉我们，运动能促进大脑分泌内啡肽，这是一种镇静、止痛的激素，它能调节体温、心血管功能和呼吸。

运动也被现代科学称为“动态的冥想、打坐”，运动期间你的脑子常常会忘掉焦虑、不快、紧张的事情，之后脑子可以更好地启动，使人能专注、信心十足地工作。

我们曾经做过一个实验，在一所高中，拿一个成绩比较差的C班来做实验（A班成绩最好、B班次之、C班最差），在高考前两个月，C班的同学每天增加一节体育课，在体育课上只做一件事，就是慢跑，结果两个月后高考，C班同学的平均分高于A班。

这个结果让所有老师和同学都很震惊，这说明运动能给孩子减压，能让大脑产生内啡肽，能让孩子状态更好。

运动是一种非常好的减压方式，所以带孩子多运动，少安排一节培训班，少做一套卷子，每天多运动一小时，会带来意想不到的效果。

第二，用游戏减压。

游戏是最好的减压方式，我说的游戏不是电子游戏，而是亲子游戏。家长要多和孩子一起玩，在玩的过程中孩子能很好地释放压力。

比如和孩子玩一些情绪管理的小游戏，帮助孩子缓解压力。可以让孩子把自己想象成一个满身是水的小狗，让他尽力地把水甩下去，感觉水向四周飞溅的样子，就像压力被甩掉了一样。

第三，带孩子多到户外接近绿色，利用大自然的美景释放压力。

第四，陪孩子一起欣赏音乐、画画、跳舞等，在艺术表达中缓解压力。

6岁之前的孩子语言表达能力有限，因此家长可以借助艺术表达的方式帮助孩子缓解压力，比如音乐、绘画、舞蹈等。家长可以陪孩子一起闭上眼睛，欣赏音乐，并想象音乐背后的画面、故事等，然后和孩子一起交流听音乐的感受。

（二）用“静”的方式减压

“静下去”也是减少压力的重要方式，关键看你怎么“静”。

为了达到消除压力的目标，你需要关注两件事。

第一，做无功利目的的事。

这对你来说可能有点颠覆：你要有没有目的、没有功利的休闲。

如果最近感觉自己压力大，你可以想办法试试去做一点无功利目的的事。

读闲书，不是为了增长知识，更不是为了引经据典。

吃好吃的，而不是去找美食排行榜推荐的食物。

轻松休假，休不一定能够拿来晒的假。

心安理得，不问胜负，不计高下。

第二，喝水是控制压力最简单易行的方法。

喝水或许是缓解压力的最佳方法。很多人都处在低度缺水的状态，但自己一无所知。如果在缺水的时候到处走动，你就会感到压力，而且抵抗其他压力源的能力也会降低。含有咖啡因的饮料和饮水不足都是导致缺水的原因。多喝水是控制压力最简单易行的方法。

第三，睡眠是解压神器。

说到以“静”来解压，还有一个重要的方法就是睡眠。

现代社会几乎人人缺觉，尤其是孩子，却很少有人明白这个损失是多么大。

你可能没有意识到：对于很少从事体力劳动的现代人来说，睡眠，休息的不是肌肉，而是大脑。

有件事你可能不知道，剥夺睡眠是一种被广泛使用的审讯手段。不打人，不骂人，只是不让人睡觉就能让人交代情报，或者交代犯罪细节。

为什么？因为睡不够会扰乱人的思维、判断、注意力和记忆等。

睡眠不足会导致注意力不集中、工作效率低、心情不好、易怒，会造成不必要的压力增加，然后加重失眠，形成恶性循环。

第四，10招帮你轻松入睡。

一个正常人，每天应该睡够八小时，最少七小时，孩子的睡眠时间会更多。这点的确有个体差异，但绝大多数人需要这么多睡眠，一般人的“够”是在七到九个小时之间。

怎么才能有充足的睡眠呢？10招帮你轻松入睡。

一是巧用备忘录，把睡觉前心里想的事情记录下来。

很多人睡不着的原因其实是脑袋里一直在想事情，所以现在你要做的就是打开手机备忘录，把你现在想到的所有事情都记在备忘录里面，不管什么事情都留到明天早晨再说。

二是床是睡觉的地方，不在床上玩手机。

一定要养成睡觉和床的连接，形成一个好的条件反射，不要在床上玩手机，否则你的潜意识会觉得床是玩儿的地方。很多人在沙发上看电视的时候昏昏欲睡，一上床拿起手机又精神百倍了，这就是一个错误的连接，没有困意不上床，如果上了床以后还是睡不着，就离开床。

三是不管你今天晚上几点睡，明天早上都要按时起床。

比如我今天晚上一点睡觉，明天六点起床，我明天晚上两点睡觉，我后天早上还是六点起床，再后天呢，就撑不住了，结果后天晚上十点半就睡着了。用这样的方法可以帮你养成一个良好的睡眠习惯和睡眠节律。

四是设一个提醒自己去睡觉的闹钟。

较小的孩子最好在晚上十点前入眠，青春期的孩子可以稍晚一点。

总之，给自己八个小时的时间，如果上午上班晚，又是夏季的话，晚一点也可以。但是，脑力劳动者希望工作效率高的话，作息时间最好跟白天黑夜同步。

不肯睡的人怎么才能养成良好的睡眠习惯呢？你可能会给自己设起床的闹钟，我要教给你的是设一个提醒自己去睡觉的闹钟。

比如闹钟设在晚上十点，你对晚上的时间就会有个概念，可以进行安排。

五是晚上七点以后，手机、电脑、平板都要设在“夜间模式”，或者把屏幕里的蓝光去掉。

蓝光类似于太阳光，而人是见光而起，光灭而眠的。

六是睡不着的时候听放松冥想的音乐，一般听半小时就能入睡。

七是入睡前一个小时之内最好不要看手机或平板，做不到的话，手机一定要设“夜间模式”，而且把亮度减到最低，可以看文字，不要看视频。因为文字需要耗费更多的脑力，人会比较容易困。

八是听有声读物。

可以用软耳塞听音量小的有声读物，要小到如耳语般，最好是听过很多遍的读物，或者是听一集看过很多次的电视剧。

我个人用的是听不懂的外文，如法语或者俄语的有声小说。

因为你的大脑会自动地去处理听到的内容，可是因为声音很轻，或者用的是你不懂的外语，加上耳语般的声音通常都有宁神、放松的作用，这样你的大脑就在这似听非听当中，得到放松而被慢慢地引入睡眠中。

九是裸睡更有助于睡眠，如果一定要穿，上身应该很宽松，保持上半身温度偏低。

科学研究发现，失眠的人上身的温度都偏高，体温跟人的睡眠状态是直接相关的。提醒一下，脚冷的话可以穿上棉袜，因为脚冷也会妨碍你入睡。

十是用最放松的姿势躺下，然后数呼吸。

找个最舒服的姿势躺好，然后把所有的注意力都放在呼吸上，去感受气体经过鼻腔的感觉。因为数呼吸能让你由交感神经转为副交感神经控制，交感神经让你兴奋，副交感神经让你平静。

如果你因为什么原因凌晨才上床，只睡了三四个小时，最好不要早上补觉，像平时一样起来，如果可以，在中午睡一个20分钟的午觉，晚上早点上床。这样可以尽量不打乱你的作息时间。

（三）用绘画的方法解压

首先，画出情绪。

绘画的方法很简单，先在一张纸上画一个心形，在心形里面写自己的感受，比如难过、沮丧、伤心、愤怒等。

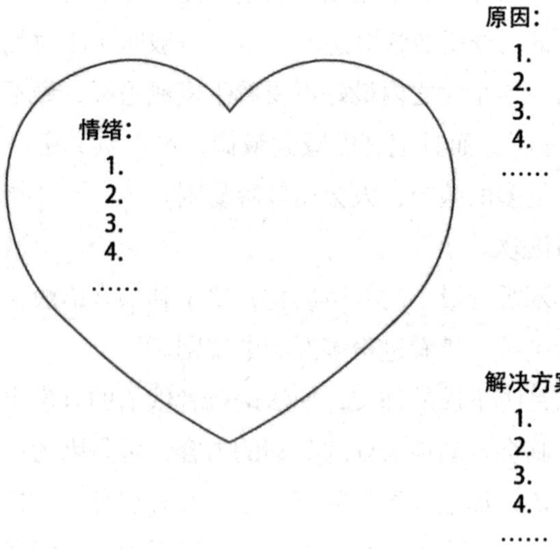

其次，找到情绪的原因。

在心形的外面，写情绪是由谁引起的，比如伤心是因为同学说了我一句，他冤枉我了等。

再次，转化情绪。

在纸下面写出可以解决的方案。比如你想骂他，可以把骂他的话写出来，现实生活中你不可以骂他，在画画里可以骂，可以发泄。

然后总结出还有什么方法可以解决这个问题。

最后，处理情绪。

把这张画满了情绪的纸，用自己喜欢的方式处理掉，比如撕掉、丢垃圾桶，想象负面情绪随着这张纸被处理掉了，离你而去了。

（四）转念

这个方法非常有效，但这个方法直接用，没有效。

比如有人骂你“你真没用，无能”，一般情况下你会难过，但有一个方法，心里把念头直接转成“我是个很有能力的人，你怎么说我不重要，我怎么样，我自己说了算”。

这个工具要用到什么程度才有效呢？就是你的大脑和潜意识都相信这句转念的话才有效。

三、真实的案例

（一）高三完美主义孩子如何解压

这个高三的女孩从小是个完美主义者，从小学一年级起，作业写不好、字写得不好看，会自己把本子擦破，一遍又一遍重新写。

她的父母都是高知，家庭氛围也很好，家人对她没有太高的要求，老劝她要对自己放松一点，但孩子就是力争优秀。

她一路成绩都很好，到高三了，压力更大了，她对自己也更狠了，明显表现出睡眠不好、满脸痘痘、精神不佳、学习效率不高、成绩不稳定。

后来家长采取了以下措施。

一是每天让孩子运动10分钟。让孩子运动是有难度的，主要是孩子作业多，没时间。跑步、打球是不可能了，唯一能做的就是跳绳，随时随地都可以。

刚开始是跳一分钟，能跳多少算多少。慢慢地，从跳一分钟休息半分钟，加量到跳五分钟、跳八分钟、跳十分钟，现在孩子已经习惯跳绳了，睡眠也有了改善。

二是用绘画的方法让孩子放松。发现孩子有情绪时，让她即时画出来，让情绪不往内攻击自己，让情绪流动起来。用这个绘画的方法不影响任何人，情绪又出来了，孩子都说好用。

现在孩子脸上的痘痘少了，睡眠也好了，整个人精神非常好，马上参加高考了，状态特别好，信心很足。

（二）初三调皮的孩子如何解压

这个案例是个初三的男孩，特别调皮活泼，成绩中下，总是坐不住，没法安静下来，上课总是讲话，经常挨老师的批评，他很想跟同学们一起玩，但同学们会排挤他，这让他很苦恼。

他的父母是很普通的工薪阶层，很想帮孩子，但苦于没有办法。

后来用了两招就解决了孩子的问题。

第一，自我对话来解压。

第一步，给内心的批评家取个名字。

这个孩子不喜欢他的英语老师AMY，他就把批评家取名AMY。把自己内心那个“永远的批评家”取名后，把它跟自己剥离开来。

这个可以帮助孩子划分界限，表明自己和这个声音的界限关系，这对于对抗它是很有帮助的。

第二步，对抗这个有名字的批评家。

让孩子自己学会反驳他，甚至跟这个批评家对骂。要质疑这种打击、消极、紧张的声音。

第三步，自我修正。

客观地看自己的问题：如果是别的同学像我这样，我会怎么想？或许也会觉得烦，那用什么样的方法能解决这个问题呢？

最后一步，抽离出来，看自己。

以第三者的身份跟自己对话，怎么解决这个问题。

提出解决方案：

下次在课堂上想讲话的时候，我先闭嘴，把它写下来，下课再说；

下次跟同学玩之前，先征求别人的意见，关注别人的感受，角色互换，理解别人。

第二，借助外援来解压。

孩子的外援就是我，跟我聊一会儿，把情绪疏导出来，我呢，就做个全身心的倾听者，完全能理解他的感受，说出他的感受，当他的情绪被看见时，当他被理解时，压力就少了一半。

接着我再用启发式提问，问他用什么样的方法可以解决这个问题。

因为在我这里，他被无条件地接纳，所以他感觉特别安心，什么都可以说，极度地开拓了思维，经常会有意想不到的金点子出来，他都好佩服自己。

后来他还学会了用静心的音乐让自己静下来。

之后，他的自信心也越来越强。

现在孩子的成绩排在班里前十名，同学关系好得很，上课注意力超级集中，能静下来、坐得住，还经常被老师表扬。

父母更是开心得不得了，感叹凡事都有方法，教养孩子也是有方法的。

第六章

如何打开青春期孩子的心门

一、背后的原理

（一）青春期是人类进化过程中的重要环节

大多数家长谈青春期色变，甚至像我们这些孩子还处于童年期的家长，也不期待孩子青春期的到来。这种心理跟青春期的很多负面特征有关。一说到青春期，你是不是只会把它跟叛逆、冲动、焦虑、孤独、困惑、不理智等词语挂钩，同时把原因归于荷尔蒙的变化。其实你可能只看到了青春期的一个方面，而其他积极的方面被你忽视了。

今天我们就从大脑的结构来说说青春期的孩子为什么会出现一些心理上的问题。

在最近的20年里，大脑影像学的发展让我们了解到青春期大脑结构的变化，很多重大的发现给青春期的行为提供了更合理的解释。

为什么大脑要在青春期进行重组整合？

既然这些大脑变化会带来很多负面的问题，那为什么人类要选择在青春期这个阶段来经历这个过程？ 其实人类或者动物的生理变化都遵循进化论的规律，变化都是为了更好地生存下去。少儿时期，人是在父母的照顾下生活的，衣食无忧，不用独立，不承担风险。那怎么才能让人从这样一个不谙世事的小孩子成长为有所担当的成年人呢？大脑对不用的神经元修剪是为了我们更好地集中体能强化有用的神经元，让我们更有思考能力、决策能力。大脑分泌多巴胺是鼓励青少年去尝试新的东西，去追求风险，为以后离家自己独立生活、独立面对困难做准备。

这些看起来都是有积极作用的，是为我们过渡到成年人做准备的。但是大脑在那么短的时间发生那么多的变化，不是每个孩子都能适应，再加上其他生理上的变化，社会的、家庭环境的影响，固然会出现问题。

但是，大脑的变化不是青春期的孩子所能控制的，他们也很困惑为什么自己那么不开心，为什么看什么都不顺。这些都不是他们在故意刁难父母、故意使坏。就像你特别想吃那颗巧克力，你没有控制住还是吃了。青少年的控制机制还没有发育好，而奖励机制达到高峰，肯定会做出一些冲动的行为。

希望家长们认识到这点后，能换个角度来认识青春期的孩子，用不同的方式跟他们沟通。要看到大脑变化带来的积极的一面，比如青春期的孩子是充满激情的，充满能量的，怎么来帮助他们合理利用这样的能量，让他们尝试新东西而不冲动是家长应该思考的。

（二）青春期的问题是结果，原因不在现在，而在早年间

家长最大的卑微，莫过于遇到一个拒绝沟通、叛逆的青春期孩子。

很多家长跟我反馈，青春期来得太猝不及防了，太出人意料了，以前很乖的孩子，怎么一夜之间就变成另外一个人了。

或者是本来就不怎么听话的孩子，青春期愈演愈烈，突然间矛盾就升了好几级。

不是之前你跟孩子之间的问题不存在，而是到了青春期，你跟孩子的问题集中显现出来了而已，问题早就存在了。

（三）青春期的大脑有什么不同

首先我们要了解青春期孩子大脑发育的特点，了解青春期的大脑有何不同，了解青春期孩子的心理需求是什么。

我们大部分家长可能以为随着大脑慢慢变成熟，神经元的数量应该不断增加，其实不是。这里面有个很高妙的机制。人脑中神经元的数量，刚出生就已经比成年人还多，大约到两岁左右达到巅峰。青春期是神经元数量和神经元的连接都在减少的过程。打个比方，我们的大脑就好像一棵树，一上来就长出好多好多树枝，后来发现有些有用，有些没用，有用的就留着越长越

粗壮，没用的就剪掉了。

这就是为什么到了青春期，大脑再次变得活跃，可塑性再次提高，混乱的状态又回来了。

还有，青春期之前，孩子的生活是以家长为核心，他最关心的是和家长的关系。青春期开始之后，他最在意的是和同伴之间的关系。青春期的孩子同伴关系高于父母关系。

青春期之前，孩子的打闹是游戏，青春期变成了复杂的社交演练。

青春期之前，孩子的探索在家长的庇护之下，青春期的探索是直面真实世界。

这些改变都是在为离开家庭做准备。我们作为家长首先要了解孩子这些青春期的特点。

（四）为什么青春期会犯愚蠢的错误

青春期孩子的心理可以分成两个系统：动力系统和控制系统。

动力系统的作用是通过调动感情，让人充满做事的动机，就好像是油门。控制系统是克制冲动，引导我们做出科学的决策，鼓励我们建立一个长期的目标，推迟享乐，好像方向盘和刹车。

青春期的孩子，动力系统已经变得活跃，控制系统却还没有准备好，结果就是青春期的少年更容易冲动冒险。

“谁的青春不迷茫”，就是动力系统和控制系统这两股力量的较量。

科学家提出，青春期之所以孩子会做一些不负责任、冒险的事情，并不是因为他低估了危险，而是因为他高估了奖励。或者说，他对奖励的体验比成年人强烈得多。

你想想，初恋的感觉是不是特别美好？一直到成年，每个人都觉得初恋特别美好，其实初恋可能并没有那么美好，只是那时候你处于青春期，你对奖励的感觉特别强烈而已。这就是为什么青春期的孩子爱冒险。

我们了解了青春期孩子的大脑特点和爱冒险、容易犯错误的原因后，就来关注解决问题的方案。

（五）青春期是留给家长的最后一次机会

青春期是孩子留给家长的最后一次机会，因为孩子马上就要成年了。

所有的爱都是为了聚合，唯有亲子的爱是为了分离，孩子要为离开家做准备了。

不管有多难，我们都要把握这次机会，好好跟孩子沟通，只要你真的想改善跟孩子的亲子关系，你就会付出行动，有了行动，你的改变就会随之而来。

（六）青春期心理发展的八大任务

青春期是孩子的第二个迅速发展期，此时的心理发展将决定他未来各项发展的基础和准备。

青春期要完成以下心理发展的八大任务。

第一个任务：接受个体的生理和性别的角色。

12岁以前的小朋友更趋向于是一个生理的个体生命，到了青春期以后，才会发展出性别意识。孩子们除了先天的生理的性别角色之外，还需要后天产生心理的性别角色。如果他对自己的性别感到认同和自豪，我们称之为性别的统一体，如果他对自己的生理和心理性别角色产生困惑，他可能会有矛盾的心理。

第二个任务：建立起与异性和同性的新的同伴关系。

童年期的孩子交流更加单纯，但到了青春期以后，孩子们之间可能会发展出别的关系，比如协作关系、工作关系、学习关系，甚至还可能是家庭关系。所以孩子们青春期的第二个任务就是要建立起良好并正常的同伴关系。

第三个任务：在感情上要独立于父母。

青春期的孩子不再像儿童时期一样什么都听父母的。青春期的孩子有自己的喜好、自己的想法、自己的个性和自己的判断。他不会像小时候那样事事依赖父母，而是寻求自己和父母之间的差异。

第四个任务：为了将来的职业做好准备。

孩子在青少年阶段就应该有这样的意识：我将来想选什么专业，我想从事什么行业。如果青春期的孩子从没想过他要学什么，他的理想是什么，这说明他的心理发展阶段滞后了。

第五个任务：他希望将来靠什么来获得经济上的独立。

在这个阶段，家长和孩子都要有这样的意识：孩子不仅是为了满足好奇心而学习，还得为了将来的谋生、经济独立进行准备。

第六个任务：发展合格公民所要求的智力技能和概念。

青春期的孩子终将成长为独立存在于社会环境里的成年人，孩子应该为此做好智力、技能以及自我概念上的准备。

第七个任务：为未来的婚姻和家庭生活做好准备。

青春期的孩子虽然还未成熟，但他在生理上已经接近成年人了。孩子长大后应该能够在婚姻家庭中扮演好自己的角色，他需要成为合格的伴侣、合格的家长。他应该为即将成为一个承担自己责任的成年人做好准备。

第八个任务：建立起与个体环境和谐的价值观。

一个人的价值观决定了他生活的方向，也决定了他未来的发展方向是积极的还是消极的，是理想远大的还是目光短浅的，是奉献利他的还是索取利己的。青少年时期的价值观养成，是对孩子未来发展最重要的一件事。

家长在了解这八项青春期发展任务后，才能意识到，青春期的发展不仅是看到孩子的中考、高考成绩，还是更长远地看到孩子未来的生活，看到孩子的理想、方向、责任和担当。

二、落地的工具

家长要转变思维，学会放手。你可以控制孩子，或者你可以帮助他们成长，二者不可兼得。是的，二者不可兼得。所以我相信每个人都会选择希望帮助孩子成长。那么你肯定不能够控制他，要选择放手。

但青春期的孩子又那么爱冒险，动力系统很活跃了，控制系统还没有发育完全，我们又如何正确地去引导孩子呢？

首先要解决的就是沟通的问题，我们家长除了转变思想，要放手之外，还要由航空管制员的身份转变成教练式的朋友身份，要做孩子的朋友，能理解孩子、共情孩子，这样孩子才可能听你的话，你才有可能帮助孩子少犯错误。我们也给大家三个建议。

（一）共情、理解、倾听

如果你家里有比较大的孩子，尤其是青春期的孩子，父母可能要做好心理准备：你一定会经历一个“你一言他九顶”的过程。但是你可以换个思路看待这个问题，你一言，他想得出九种方法来顶你，你看，是不是很有创意，很有本事呢？

还有，孩子的多元思考能力开始形成，他会用各种不成熟的方式去反驳你的意见。所以你要做的事情不是去跟他生气，而是去支持他的发展。

作为青少年的父母，你的心脏要强大一点，要做好心理建设，淡定从容。

如果你的孩子还在青少年前期，你要做的就是从现在开始多倾听，共情孩子，少讲道理，不要唠叨，给他生活上的照顾，关心他、爱他，但是不要啰唆，你讲的道理其实他早就知道了。

你要做的事情叫作“听”，如果你能够学会倾听，你就有办法跟孩子保持沟通。如果你学不会倾听，只想要一直讲，冲突一定会产生。

抚平情绪是最难的，因为很多家长的情绪坑洞来自自己的小时候，是原生家庭带来的创伤。自己有伤，当然一句话、一个眼神都有可能触动伤口，自然会痛，一痛就会炸，就会情绪崩溃。

特别提醒家长在倾听的过程中注意：

第一，不要没等孩子说完就开始长篇大论，不要总是打断孩子，不要说教。

第二，要表现出对孩子讲的内容有兴趣，用肢体语言倾听，用眼睛看着他，坐姿前倾，过程中不看手机，不要心不在焉。

第三，不要总觉得孩子讲得不对，别总纠正孩子，尊重孩子表达的权利。

这些能帮助你建立良好的倾听能力，大家一定要多用，生活中每次和孩子沟通用以上的倾听技巧，用这份耐心来倾听孩子，你和孩子的亲子关系会越来越好。孩子的心门会慢慢向你打开。

要想从根本上解决问题，还得从潜意识和原生家庭出发，回到过去解决才有效。看别人的故事，品自己的人生，自然能找到方法从根本上解决问题。

（二）如何缓解孩子的外貌焦虑

人对外貌的关注往往始于青春期，这是青春期正常的现象。

青春期的孩子挑剔自己的长相，爱照镜子，想坚持自己的穿搭，这都是青春期常见的现象。它提示你：孩子开始注意外貌了。

但同时，这些行为也拨动了一些父母敏感的神经。在他们看来，这就叫“臭美”，而一旦开始“臭美”，青少年就该分心了，比如不专注学业，交男女朋友等。

为什么到了青春期，孩子就开始“臭美”了呢？俗话说，“爱美之心人皆有之”。孩子进入青春期产生的爱美之心，其实有身体和心理两方面的来源。

首先是身体变化，也就是身体发育，引发了孩子对自己和他人身体的关注。这种变化可能早在8—9岁就发生了，晚到13—14岁也会出现。如果说之前孩子的身体就像租来的汽车，全靠父母保养，孩子只管去用。而到了青春期，孩子就好像突然有了产权一样，开始琢磨汽车的品质、内饰，也就是开始好奇、关注身体的细节，会跟同性比较、被异性吸引。

其次是心理变化。一方面，孩子会追求他人的认同，这种心理会让他们对潮流和同伴特别敏感，很容易被影响。另一方面，他们萌生出的独立念头，会让他们开始挑战，甚至丢弃之前从家长和学校那里得到的认识。于是就会让家长觉得“孩子被潮流带坏了”“孩子越来越不听话了”。

所以说，对外貌的关注和被同伴影响，是青春期的正常现象。

每当孩子在乎自己的外貌或皮肤的时候，或者是要选择什么样的衣服的时候，我们就会用“臭美”这个贬义的词来阻止他。这时孩子就会觉得你不了解我，你根本就不知道我在想什么，你不过就是在打压我，你根本就不关心我。

根据世界卫生组织的统计，全世界的青少年当中，有70%的青少年不喜欢自己的外表，不喜欢自己的身材。孩子对于自己的外貌表现出自卑情绪，这一点是很多爸爸妈妈不能理解的。虽然我们都是过来人，但是我们已经忘记了，我们在青春期的时候，对于自己的身体也会感到尴尬或者是害羞。

因为现在的营养要比以往好得多，所以现在孩子的发育要比从前提早几年。从孩子十岁左右开始，他们的第二性征就开始出现了发育的现象，已经进入了发育的进程。大约从小学五年级开始，有一些女孩儿的身体开始出现了明显的变化，有一些男孩儿的肌肉跟喉结也开始出现。

大约就是从这个时候开始，他们产生了比较的心理：你会不会长得比我高，你是不是比我身材苗条，你的小腿是不是比我修长等。孩子们之间有各式各样的比较，他们找不出一个标准的方法，他只知道坐在旁边的这个人，或者是班级里的某一位同学，跟自己发育的速度不太一样，这让自己看起来像一个怪人，对于大部分孩子来讲，他们这时会羞于展示自己的身体。除了这点之外，青少年已经进入了情窦初开的阶段，他会开始在意异性喜不喜欢自己，同班同学里的男生跟女生大部分都在追求什么样的偶像，自己有没有符合这个偶像的标准也变成评价自己是不是漂亮时髦的一个重要的准则。虽然他不一定是正确的，但是对于青少年来讲，这些是他非常在意的。在这个时候，爸爸妈妈们应该做哪些事呢？

第一点，我们一定要共情。

好多妈妈说：“波波老师，我的孩子现在越来越‘臭美’了，越来越喜欢弄自己的皮肤，然后自己要选择穿什么样的衣服，还要注意能不能修身等。”我们用“臭美”这两个字时有很多情绪，这个情绪肯定都是负面的，因为我们担心孩子如果关注自己的外表、关注自己的皮肤是不是就会影响学习。所以，每当孩子在乎自己的外貌或皮肤的时候，或者是要选择什么样的衣服的时候，我们就会用“臭美”这个贬义的词语来阻止他。

所以我们一定要共情。青少年在这个阶段的变化是特别正常的，因为他需要被同辈团体接纳，他也需要喜欢自己。

第二点，我们要支持他。

如果我们的孩子真的满脸长了青春痘，或者是我们的孩子确实在身高的发育上面要比同学稍微弱一点，或者是瘦小一点，如果真有这个现象的话，我们不能打压他，我们不能说他，我们要支持他，我们要让他知道，你关注这些事情其实是特别对的，因为一个漂亮的人会更受欢迎、会更有自信，所以我们要支持他对自己身材的一些评价。当然这些评价必须是正确的，如果孩子很瘦了，他还是觉得自己很胖的话，那我们可能需要寻求专业人士的帮助，但在这里我指的是孩子在一个正常范围之内，他对于自己不满意，这个时候我们共情之外要支持他，那么怎么支持呢？

就来到了第三步，我们要帮助他，帮助他找到一些改善的方法。如果孩子确实脸上长了很多青春痘，我们可以在每一个周末带他去家附近的美容院做皮肤清理，或者去买一些适合青春痘皮肤的护肤品。

如果孩子的身体发育比较快，孩子对于自己过于丰满的胸部觉得很害羞，那么我们就一起去商场找一个合适的内衣，让她很有自信，但是又不尴尬。

如果是一个男孩觉得自己的肌肉不够健壮，这个时候爸爸可以带他到健身房去做一些训练，诸如此类。总而言之，我们要帮助我们的孩子去找到一个可行的、有效的方法，让他知道我们跟他站在一边，我们不觉得他“臭美”。

如果外貌的问题不是去美容院或者健身房可以解决的，我们就要帮助孩子学会扬长避短。如果是一个青春期的女孩，她的大腿确实比较粗，那么我们可以选择一些衣服掩盖住大腿，可以利用一些穿衣的技巧，选择一些合适的衣服款式来帮助她。这个过程除了可以增加孩子的自信心之外，还可以帮助孩子在比较年轻的时候就懂得审美，选择适合自己的衣服。

我们需要从孩子很小的时候就开始让他喜欢自己的外表，喜欢自己的样子，喜欢自己的声音。比如我的眼睛很小没有关系，但我发现我有一个很漂亮的笑容。

能够用正确的观念来看待自己，用健康的角度来悦纳自己不能改变的这些事实，才能够给他健康的心灵，才能够让他对自己有健康的认知。

我们要让孩子知道：不管你今天是什么样子，你在爸爸妈妈的心目当中都是最美丽的那个人。孩子不够好的话绝对不能够从爸爸妈妈的嘴里说出来，有一些母亲因为焦虑，因为求好心切，会告诉女儿：你还吃，都那么胖了还吃。这一类话对于孩子来讲是有杀伤力的。

这类话对孩子来讲，不仅会打击他的自信心，还会在他脑门上面贴上了一个标签。给他一个温暖的家，给他“无论如何你在爸爸妈妈的心目中，都是无价之宝”的认知，对孩子来讲，才是能够让他安然度过青春期，解决对自己的外貌感到尴尬的一个最重要的方法。

（三）故意跟孩子讨论毁灭性失败

什么叫毁灭性失败？就像喝醉酒开车出去，危险驾驶就有可能导致毁灭性失败。有的青少年就是因为喝了酒，酒后驾驶，然后撞车了。还有的人吸毒，吸毒吸到毒瘾极大，最后根本没法控制自己，这叫作毁灭性失败。一个青少年在青春期，如果父母没有尽到责任，不跟他探讨这些问题，一旦导致了毁灭性失败，后果不堪设想。

但父母又不能像空中交通管制员那样，一天到晚跟着他，你一天到晚跟着他，反倒有可能使得他走向毁灭性失败，因为只要你盯不住他的那一天，他就会去做。所以这时候方法是什么？就是你需要经常性地跟他故意讨论这个话题，可以说：“哎，昨天我看到一个新闻，有一个小孩子开车出去撞死了，怎么回事？”跟他互相讨论了解，让他能够知道这个毁灭性失败是人生当中非常可怕的事情。

（四）如何修复与孩子的关系

本节我们要讲一个新的主题。我问大家一个问题：你给孩子道过歉吗？给孩子道歉难不难？我相信你可能会很吃惊：我是他妈，我是他爸，还要给孩子道歉？

假如一个人，从小到大父母从来就不道歉，他的父母就没有在孩子面前表现过歉意，永远都是死扛着，特别硬，那孩子往往也学不会道歉。

这个道歉有多么重要呢？一句道歉，一句真诚的对不起，是人类语言中最有治愈力量的话语。当我们发自肺腑地道歉时，这三个字能有效缓解我们对他人（尤其是对孩子）造成的伤害。道歉可以让受到伤害的一方摆脱心魔，远离愤怒和痛苦的困扰。这样做相当于我们体会到了对方的感受，愿意对自己的语言和行动承担全部责任，也能够很好地修复原本破裂的关系。

我们不妨先回忆一下自己的童年，是否曾经被父母粗暴对待过，是否被误解过，是否曾经很怨恨父母，是否特别希望父母能跟你道歉呢？然后也可以再想一下，在自己孩子的成长过程中，你是否又曾经粗暴地对待过他，是否曾经误解过他，你是否有尝试过一些补救，或者修复亲子关系的行为呢？

相信每个父母都会有被孩子折磨得快发疯的时候，没有完美的孩子，也没有完美的父母，我们都想尽心尽力地养育好自己的孩子，但同时我们又都是普通人，我们偶尔也会犯错，做一些让自己后悔、伤害孩子的事情，这些不要紧，只要我们能意识到：最重要的是想办法修复跟孩子的关系，错误可能会成为你和孩子最好的学习机会，甚至还可能拉近你跟孩子的关系。有一次我女儿跟她弟弟不知道因为什么争吵起来，爷爷一直在旁边说姐姐要让弟弟，当时我在打一个很重要的电话，很烦他们这么争吵，于是我对女儿大声吼了一句："你能不能安静一下，你能不能让一下弟弟。"我女儿很委屈，等我讲完电话，我立马发现我做错了，我马上跟她道歉："对不起，妈妈犯了个错误，不该对你大吼大叫，你是不是觉得很委屈，是弟弟抢了你的玩具在先，你还被爷爷指责了，你心里肯定特别委屈难过。"她马上点点头。

我继续说："妈妈向你道歉，妈妈做错了。"等她平复下来，再问她："你愿意原谅妈妈吗？你愿意抱一下妈妈吗？"她笑着把我抱在了怀里，这一切就烟消云散了。然后再问她下一次再碰到这种情况，怎么办好呢？引发孩子思考，一起来关注解决问题的方案。

分享一个很好用的工具，与孩子修复关系的四个步骤。

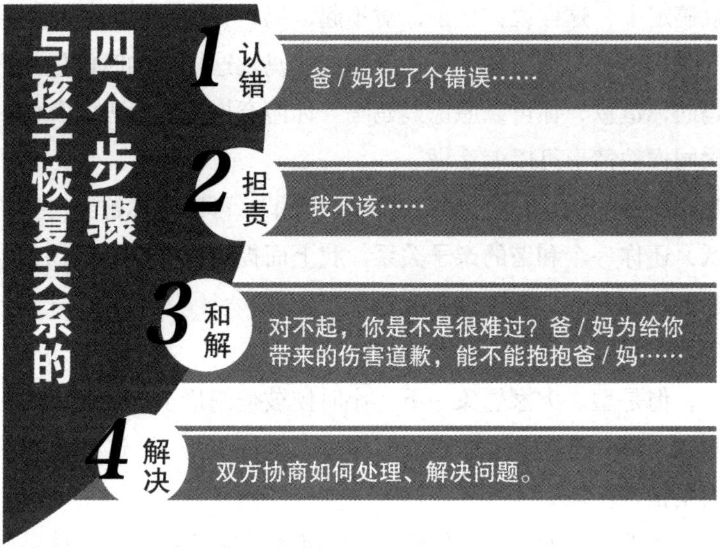

第一步就是承认错误，可以这样说：对不起，妈妈刚才犯了个错误。

第二步是承担责任，这里要注意的是家长是要承担自己发脾气的责任，而不是替孩子承担某个不当行为的责任，但是也不要对孩子有任何的评判和指责，这样说就好了：上次或者刚才发生什么事的时候，妈妈不该打你、骂你、对你发脾气。

然后第三步才是道歉、和解，可以先说出对方的感受，共情对方：妈妈这样做的时候你是不是很难过，对不起，你可不可以原谅妈妈，你愿意抱抱妈妈吗？如果孩子不愿意也不要觉得失落。

如果孩子已经很平静，就可以进行第四步，第四步也可以另外再找时间来做，就是共同解决问题。可以跟孩子说：我们一起想一想下次遇到同样的情形可以怎么做。

如果你至今都没有向孩子道过歉，那么你跟孩子的关系，可能有一些断开连接，没有再接上，可以按照上面四个步骤的话术组织一下语言，尝试一下跟孩子修复那些断开的连接，孩子一定会给你惊喜。因为家长这么做，不仅能修复关系，同时也向孩子示范犯错不要紧，重要的是道歉，并且为自己的行为负责，孩子也能学会向你道歉，为他自己的行为负责。这样，错误就可以成为学习和改善亲子相处模式的最好机会。你看修复关系其实很简单，四句话就搞定了，这样说：孩子，对不起，妈妈犯了个错误，妈妈某次发生什么事的时候不该打你骂你、对你发脾气，妈妈这样做的时候你是不是很难过，妈妈向你道歉，你可以原谅妈妈吗？你愿意抱抱妈妈吗？我们一起想一想下一次同样的情形可以怎么做。

这几句简单的话，却可以带来神奇的效果，可以把你曾经对孩子的伤害降到最低，还你一个和谐的亲子关系，我上面提到青春期的妈妈，她是用写信加沟通的组合方式，大致也是按这四个步骤。

道歉要避免以下几种常见的错误。

第一，但是型。大家想象一下，小时候被爸妈揍了，揍完以后，你爸爸跟你道歉说："爸爸不应该打你，但你也太调皮了吧。"这种道歉根本不是道歉，而是指责。

第二，逃避责任型。"对不起，妈妈刚才不应该吼你，这件事妈妈不知道让你那么在意。"这也是在逃避责任、找借口，并没有真诚道歉。

今天我们学习了怎么跟孩子修复关系，怎么道歉。无论事情大和小，只要你能够真诚道歉，你们的关系就会再进一步。只要你能够找到错误的原因，你的人生就会再上一个台阶，因为你的境界变得不同了。真诚的道歉不是懦弱，而是内心真正有力量的表现。

青春期的问题让家长太头疼了，但问题不是现在造成的，而是之前的家庭互动模式出了问题。从源头找到问题，自然有解决的方法。学习只是第一步，实践和运用才是最重要的。

三、真实的案例

（一）孩子说要杀同学，怎么办

通过一个真实的案例，再教大家一个小技巧。其实你在倾听孩子的时候，只要做出倾听的“样子”就好了，并不需要真的把他讲的所有内容都听进去。因为这个时期的孩子说出来的话，根本就不成熟。

有个很简单的方法，叫作重复结尾，就是重复孩子说的最后一句话，我教大家怎么做。

比如儿子放学回家，你可能在厨房洗菜，他一回来就跟你说：“妈，我跟你讲，我们那个同学，怎样怎样怎样，我真想杀了他。”

你会怎样？我猜很多父母会立刻放下手边的事，哇，孩子要杀人，而且还要杀同学，菜也别洗了，开始跟他促膝长谈，跟他分析、讲道理，讲了一个小时之后，孩子觉得：以后学校有任何事，一定不要让爸爸妈妈知道，免得招来一顿教训。

当你一次两次三次这样做，讲道理讲个不停，分析个没完没了，就会发现，孩子后来有事都不跟你讲了。

大家知道吗？其实很多后来出事或变坏的青少年，他的父母的反应是：怎么可能呢，我的孩子不会这样。这背后代表了什么意思？是“孩子已经好长一段时间，没有告诉你真正的想法了”。

所以，为了避免孩子从此不再跟你沟通，当事情还没过度发展的时候，请你不要过度回应，你只要倾听就好。

怎么听？我来教你。

孩子放学回家，他跑来跟你说：“妈，我跟你讲，我们同学怎样怎样怎样，我真想把他给杀了。”

你该做什么还是继续做，但是你要把他说的最后一句话再重复一次。所以，你就说：“真的哦，看得出你很愤怒，因为他太过分，你真希望把他杀了。”

孩子就会说：“没有啦，当然不是真的杀啊，可是我觉得他真的很过分，我真的是很气。好啦好啦，妈，我讲完了，我要去做功课了。”

最后一句是“我要去做功课了”，那你就继续面不改色地说：“哦，你要去做功课了。”够了，就让他去做功课，孩子没有真的要去杀同学，青少年就是会用这种夸张的方式讲话。

当他讲完这一大串话之后，你复述他最后一句话的时候，孩子会觉得，妈妈有在听，妈妈完全理解他的情绪。他把情绪抒发完，把要讲的讲完之后，发现也没有被妈妈骂，妈妈还能理解他、懂他，他就会心平气和地回房间写作业去了。

当你每次都这样做的时候，你会发现，孩子总有事情跟你讲，因为你会同理他，而且完全没有威胁性，不会说教他。长期保持这样畅通的沟通管道，孩子万一真的发生事情的时候，你就会知道，你不会成为那个最后一个才知道的父母。

（二）孩子断绝母子关系，如何修复？

我曾经遇到过一对断绝关系的母子，他们的亲子关系的修复是从妈妈给儿子道歉开始的。这位妈妈刚到我们亲子课堂来的时候，她说15岁的儿子小明（化名）要跟她断绝母子关系，这辈子都不想再见到她了，听到儿子那些决绝的话，小明妈妈想死的心都有了。小明上初三了，跟父母的关系一直就不太好，平时住校，经常被老师请家长，不爱学习，沉迷网络，整天拿着手机。周五回到家里，看到妈妈给自己准备的一桌好吃的饭菜，小明却找了个盘子扒拉一些饭菜，拿到自己的房间里对着电脑吃，还要反锁房门，门口还贴着十条规则，第一条就是妈妈不许进房间。

小明妈妈说每次看到这个场景，心里都是满满的愤怒和无奈，我问小明妈妈："孩子上网都做些什么？平时都跟什么人一起玩？"小明妈妈表示不知道，因为随着青春期的到来，小明越来越不愿意跟妈妈沟通，有时候母子俩待在一起一天都说不上三句话。

由此我们可以推断小明母子间的亲子关系是有断裂的，小明要跟妈妈断绝关系，源于一次母子俩的剧烈冲突。有一个周末，晚上12点了，小明还在看手机，妈妈一再催他睡觉，小明终于把手机放下了，凌晨2点多，小明妈妈发现小明的房间灯又亮了，小明又在看手机。

小明妈妈非常生气，大声地呵斥他，让他赶紧睡觉，小明再一次不情愿地放下手机。第二天早上5点多妈妈起床上厕所，看到小明的房间灯又亮了，发现小明上网玩了一个通宵，这次妈妈控制不住了，勃然大怒，她跟儿子发生了剧烈的争吵，彼此都说了很多相互攻击、相互伤害的话，最后失控的状态下，小明妈妈把手机直接摔碎了，从这一次事件之后，小明就宣布，他要跟妈妈从此断绝母子关系，从此之后，再没跟妈妈说过一句话。

她曾经认为儿子的现状她一点办法都没有，因为连说话的机会都没有了，小明妈妈在学会调整自己的情绪后，根据在课堂上学习到的跟孩子修复关系的4个步骤，认认真真地给儿子写了第一封道歉信，用手机发给小明，小明妈妈也明白，亲子关系恶化，冰冻三尺非一日之寒，要修复跟小明的关系需要付出很多努力，小明妈妈的第一封信发出去，小明没有任何反应，小明的妈妈又写了第二封、第三封，还把小明童年时，曾经被她打骂过的一些事回忆起来，一并给小明道歉，家长们这里要留意一下，道歉其实是个技术活，是很需要技巧的。尤其是面对青春期的孩子，如果不注意技巧，你刚说第一句话，一言不合孩子可能就把耳朵堵住，无法再沟通了，小明的妈妈用了整整一个月的时间，给小明写了十几封信，由刚开始的有点尴尬，到慢慢转为可以向儿子表达爱，也慢慢撬开了小明的心扉。小明先是愿意听妈妈说话了，后来开始有了一些积极的回馈。后来我们才知道，小明刚开始的时候心里想的是：看你这个妈妈能装到什么时候。但是平时强势的妈妈肯放低姿态，以及信中的细节和真诚还是深深地打动了他。

有了基本的沟通之后，小明妈妈才知道，原来小明一直在追星，他最崇拜的明星就是鹿晗，妈妈就开始了解鹿晗，也开始了解青春期的孩子崇拜偶像是一种很正常的心理需求，了解青春期孩子的一些特点。有一次聚会在KTV，小明看到妈妈居然能熟练地唱鹿晗的歌曲的时候，他都惊呆了，后来小明妈妈又费了很大周折给小明买了鹿晗的演唱会门票，和小明一起去追星。大家发现了，小明妈妈跟小明的关系修复和我们了解的大多数青春期孩子的案例一样，要先真诚道歉，然后从能做朋友开始，慢慢走入孩子的内心，重新把那些断裂的连接修复起来。小明妈妈说，修复好跟儿子的关系，她才重新找回做妈妈的美好感觉，才感觉人生有意义。

这些真实的案例还有很多，我就不一一在这里说了……